買いたくなる価格には
必ず理由がある

「値づけ」の思考法

小川孔輔

日本実業出版社

はじめに

■コンビニ大手2社は弁当の値引き率をなぜ5%にしたのか？

「コンビニ、売れ残り実質値引き　セブンなど食品ロス削減」という記事が2019年5月17日付の日本経済新聞に掲載されています。内容は、ローソンとセブン-イレブンが、消費期限の近づいた弁当やおにぎりなどの日配食品が廃棄されるのを防ぐため、その日配食品を購入するお客に対してポイント還元を行なう店頭実験を開始するというものです。

セブン-イレブンは、「販売期限まで4～5時間に迫った弁当やおにぎり、麺類などの日配食品が対象」で「電子マネーを使って、ポイント還元率を5％程度」にすることを、ローソンは、日配食品の売れ残りについて「5％のポイント還元の実験を愛媛県と沖縄県で始める」こと、「合計約450店で、16時以降に目印の付いた商品を買うと100円につき5ポイント還元する」こと、さらに「対象商品売上総額（税抜）の5％を貧困な子どもの食事を支援する取り組みに寄付する」ことをリリース記事でそれぞれ発表しています。

しかし、記事中では説明されていない疑問点が3つあります。それは次のとおりです。

① 弁当などの日配食品の廃棄ロス（フードロス）を減らすため、なぜ直接的な「値引き」ではなく、間接的な「ポイント還元」という形をとるのか？
② ポイントの還元率はなぜ「5％」なのか？
③ 5％のポイント還元は、どの程度のフードロス削減に貢献できるか？そして、本部と加盟店オーナーの取り分（収入、利益）は増えるのかどうか？

以下、この①～③について簡単に分析してみたいと思います。

■なぜ「ポイント還元」なのか？

値引きやおまけには、4つの方法があります（本書Chapter5の5-4〔265～269ページ〕および拙著『マーケティング入門』〔日本経済新聞出版社〕参照）。

コンビニ大手2社はともに、フードロスの削減対策として4つの方法から「**延期型の値引き**」（ポイント）を選んだわけです。つまり、定価の変更はせずに（すぐにディスカウントはしないで）、ポイントを還元することで、既存客が再来店する動機を高めることが狙いです。

しかも、電子マネーを利用することで、店舗オペレーションには負荷がかからないようにしました。ポイント還元による食品廃棄ロスの解消は、消費者、コンビニ本部、加盟店オーナー、さらには納品業者（ベンダー）、地球環境のいずれにもメリットがある**上手な値引き**の方法なのです。

■還元率はなぜ「5%」なのか?

5%のポイント還元を決めたコンビニ大手2社は、次のようにシミュレーションを行なったのではないかと思われます。経済学の公理の1つに、「**価格弾力性は、粗利率の逆数になる**」という定理（ドーフマン・シュタイナーの公式）があります。日配食品の粗利率は約33%といわれているので、その価格弾力性はその逆数で約3（＝1÷0・33）となり、5％の値引きで日配食品の売上個数は15％（＝値引き率の3倍程度）伸びると推定できます。

セブン‐イレブンでは、過去のデータによれば、ポイント還元のシールが日配食品に貼られる時点（販売期限まで4～5時間に迫った時点）で、入荷量の70～80％が売れています。この時点で陳列棚には消費期限まで長い新しい商品が補充され、その新しい商品と売れ残っている古い商品が並売されますが、お客のほとんどはポイントが付与された古い商品のほうを選ぶはずです。よって、5％の値引きで販売量は15％ほど伸びるのです。

また、ローソンは前述したように、5％のポイント還元に加えて、対象商品の売上総額の5％を子どもの食事を支援する取り組みなどへの寄付も実施する予定です。

この場合、売上個数増の効果は先ほどのセブン‐イレブンの15％より大きくなります。なぜなら、5％の「社会貢献」（寄付）というお客のメリットが加わり、そうした社会貢献を望むようなお客に対して、企業のイメージアップにつながり、購買を促進させるためです。なお、この寄付による価格弾力性を1と考えると、売上個数は20％（＝ポイント還元による売上個数増15％＋寄付による売上個数増5％）増えると推定できます。

■フードロス削減効果はどれくらいか？

先ほどの分析によれば、セブン‐イレブンの場合は、７人に１人程度（15％）が値引きされた商品を選ぶと想定できます。

実際に、スーパーでは値引きシールが貼られた生鮮品はほぼ完売します。したがって、少し控えめに見積もっても、食品廃棄率（現状では売上の２～３％程度）は０・５～１％に、特に弁当やおにぎりなどの日配食品の廃棄率は売上の３～５％程度（現状では売上の10％程度）に減少すると思われます。

コンビニ本部にとっては、日配食品の売上が現状より増えることになります。ポイント還元の負担（セブン‐イレブンは▲５％、ローソンは▲10％）はありますが、売上も増えるので（セブン‐イレブンは＋15％、ローソンは＋20％）、本部が受け取る粗利の絶対額も増えます（両社とも＋10％）。

一方で、コンビニ加盟店のオーナーが従来、１日に２万円程度負担していた廃棄ロスはかなり少なくなります。本部の取り分（チャージ率）が変わらないとすると、加盟店の最終利益は大幅に増えることが予想できます。

■コンビニ加盟店の取り分はどれくらい増えるのか？

では、５％の値引き（ポイント還元）で、コンビニ加盟店の利益はどの程度増えるのでしょうか？

本書の発売後（２０１９年９月ごろ）にローソンの店舗実験が終わり、ポイント還元に対する実際の消費者の反応が判明します。したがって、現状では消費者の反応を断定することはできませんが、いくつかの前提条件を設定すれば理論的に推測はできます。

ここで簡単なシミュレーションをしてみたいと思います。あくまでも仮説に基づく推測になるので、大きく外れる可能性があることをご容赦ください。

ローソンとセブン‐イレブンの加盟店の平均日販は、60万円（セブン‐イレブンとローソンの中間値）です。粗利率を33％とすると、粗利額は約20万円になります。コンビニの会計制度では、本部と加盟店が契約に従って粗利益を配分することになっています。平均的なケースでは、本部の取り分（チャージ率）が60％、加盟店の取り分は40％です。

以上の前提条件では、加盟店には８万円（＝20万円×40％）の粗利益が手元に残ります。そこから、アルバイトの人件費や店舗運営コストを差し引きます。社会的な問題になったのは、食品廃棄ロスのほとんどを加盟店が負担するという契約内容でした（セブン－イレブンは85％、他社は90％）。これに対して、値引きを許容すると、廃棄ロスは現状の3分の1程度に下がります。廃棄ロスが3分の1になると、これまで1日に2万円ほど負担してきた廃棄コストも3分の1に減り、加盟店の取り分（利益）は毎日約1・13万円（＝2万円×2÷3×85％）増えます。仮に、廃棄ロスが半分しか減らない場合でも、加盟店の取り分は1日で8500円（＝2万円÷2×85％）増えます。

これに、売上の増加効果が加わります。やや少なめに見積もって、おにぎりや弁当などの日配食品の売上が10％増えるとします。日配食品の構成比を売上全体の3分の1程度とすると、ポイント還元効果で日配食品の1日の売上は2万円（＝60万円÷3×10％）増えます。そして、粗利率を33％とすると、加盟店のオーナーが受け取れる粗利額は2640円（＝2万円×33％×40％）増えます。それに先ほどの廃棄ロス削減分の1・13万円を加えると、合計で粗利額は1日平均1・4万円程度増える計算になります。仮に、廃棄ロスが半分しか減らないとしても、加盟店のオーナーの取り分は1・12万円増えます。

これを年間に換算すると、コンビニ加盟店のオーナーの年収は409万円～511万円（＝1・12万円×365日～1・4万円×365日）増えるのです。コンビニ加盟店のオーナーの年収は、概ね６００万円～８００万円といわれていますので、平均年収が１０００万円を超えることになります。

利益の95%は「スマートな値づけ」で決まる

つまり、食品廃棄ロス削減を目的とする５％のポイント還元という「**上手な値引き**」によって、消費期限が間もなく到来する弁当などの日配食品の購入をお客に促し、彼らの財布の紐を緩ませて、加盟店のオーナーの純収入が50～85％も増加するのです。なお、ここでは、コンビニ本部にもたらされる利益の増加額の計算は割愛しますが、本部も最終利益が10％以上は増加するのです。

従来はタブーだといわれていた売れ残りそうな日配食品の値引き（いままで値引きしなかった理由は、本書のChapter1の1‐4〔67～73ページ〕参照）にコンビニ大手２社が踏み込んだ、この事例によって、商品やサービスの価格を最適に設定して、それを効果的にお客に提示する**価格戦略**、つまり「**値づけ**」がいかに企業経営に大きな影響を及ぼすものか、読者の皆さんも実感できたのではないでしょうか。

ちなみに、宣伝広告やプロモーション活動など、値づけ以外の販促プロモーション（マーケティング手段）では、これほどドラスティックな収益増は期待できません。というのは、一般的な業界で、広告の売上弾力性は０・１以下であることが知られているからです。広告などの消費者向けの販促プロモーションの活動予算を５％増やしても、売上や粗利は最大で０・５％しか増えないのです。他の販促プロモーションと値づけ（ここでは値引き）の利益貢献度は、０・５％：15％です。わかりやすい割合にすると、１：30となります。

この割合は、値づけによって得られる利益の増加効果は、その他のコミュニケーション手段で伸ばすことができる利益増加効果の30倍以上あることを意味します。つまり、**利益の95％以上が、値づけの巧拙に左右される**といえます（値づけ：他の販促＝96.8％〔30÷31〕：3.2％〔1÷31〕）。

このように、儲けの源泉のほとんどは、お客が買いたくなるような「**スマートな値づけ（価格戦略）**」を思いつくことができるかどうかで決まるのです。

本書では、こうした儲かるスマートな値づけを探り当てるために必要な知識と、その知識を活用していく思考法について、様々な業種の実例を取り上げながら、マーケティングや戦略などの理論をもとにやさしく解明していきます。

次のような疑問や課題を持つ方々に読んでもらいたい本

あの会社に対抗して安く売るべきか？

この商品なら高く売れるかも？

そもそも、お客は価格をどう感じているのか？

コストが決まらないと価格が決められない？

季節、時間帯、お客で価格をどう変えるか？

定番商品の売れ行きが落ちてきた。どうする？

お客が納得する価格、思わず手が出る価格をつけたい

↓

「値ごろ感」をつくる

↑

「『値づけ』の思考法」を身につける

↑

高収益の会社の価格戦略の実例をインプットする

「値づけ」の思考法　買いたくなる価格には必ず理由がある　◉目次

Chapter 1

値づけの論理

～買いたくなる価格には必ず理由がある

Chapter 2

スケール重視の低価格戦略
～利幅よりも数量を狙う値づけの思考法

Chapter 3

プレミアム価格戦略

～数量よりも利幅を狙う値づけの思考法

Chapter 4

価格の心理戦略
～お客の心理を操作する値づけの思考法

Chapter 5

価格の調整と顧客満足

~値上げと値下げを成功させる思考法

カバーデザイン　小口翔平＋永井里実（tobufune）
編集協力　小林さち　　本文ＤＴＰ　一企画

Introduction

定価で販売するか？
価格を変動させるか？

〜値づけの基本方程式と3つのポイント

0-1

ＵＳＪが導入した「ダイナミック・プライシング」という手法

ユニバーサル・スタジオ・ジャパン（以下、ＵＳＪ）は、２０１９年1月10日から、混雑するときにチケットの料金を段階的に変動させる「**価格変動制**」を導入しました。

一般的には「**ダイナミック・プライシング**」と呼ばれる手法で、アメリカのディズニーワールドやユニバーサル・オーランド・リゾートなど、海外のテーマパークではすでに採用されている価格設定の方式です。ただし、日本の大手テーマパークでは初めての導入になります。

ダイナミック・プライシングの2つのメリット

ＵＳＪがダイナミック・プライシングの導入に踏み切ったのには、繁忙期にパーク内（園内）が混み合って、来場者の**顧客満足度**が低下していることが背景にあります。**チケットの料金を変動価格にする狙いは、パーク内の混雑度を平準化するため**です。

その一方で、来場する季節や曜日によって価格が異なることになります。そのため、お客は、チケットを購入する際には注意が必要になります。

しかし、USJにとって価格を変動させるメリットは、混雑の緩和だけではありません。価格変動制でチケットを販売することによって、**最終的に利益を増やすことができる**からです。繁忙期は入場料を割高に、閑散期は割安にする価格設定の方式は、「（時間による）**差別価格制**」と呼ばれるものです。

繁忙期に高い料金を支払った来場者は、いままでの繁忙期のように混雑しないため、それほど待たずに乗り物に乗れます。快適な環境を体験した来場者の再来場（**リピート**）を促します。それとは逆に、閑散期にはチケットを割引して販売するので、従来は取り逃していた、高い価格のチケットの購入を敬遠していた顧客を獲得することができます。

このようにダイナミック・プライシングを導入すれば、来場者は増加し、結果的に売上を増やすことに貢献するのです。

◉USJのチケット料金一覧表（個人向けのパーク入場券）

価格帯	大人（12〜64歳）	子ども（4〜11歳）	シニア（65歳以上）
A（閑散期）	7,400円	5,100円	6,700円
B（繁忙期）	8,200円	5,600円	7,400円
C（超繁忙期）	8,700円	5,900円	7,800円

※上記料金は、１デイ・スタジオ・パス（１日のパーク入場券）の税込価格
※価格帯A、B、C以外の価格が適用されることがある
出所：USJのホームページの情報（2019年５月現在）をもとに作成

具体的に、価格変動制導入後の料金体系を見てみましょう。ＵＳＪでは、２０１９年１月９日までのチケット料金は、大人（12〜64歳）が７９００円、子ども（４〜11歳）が５４００円、シニア（65歳以上）が７１００円でした。

価格変動制を導入した２０１９年１月10日からは、上の表に示したように、春休みシーズンなどパーク内の混雑が予想される時期に料金を変動させます。

たとえば、１月10〜31日（閑散期：価格帯Ａ）は大人が７４００円、中国の春節で混み合う２月と３月１〜22日（繁忙期：価格帯Ｂ）は大人が８２００円、春休みで来場者が増える３月23〜31日（超繁忙期：価格帯Ｃ）は大人が８７００円となっています。

また、年間パスポートでも、２０１８年10月には、新しい商品として「ユニバーサル年間パス・ライト」を売り出しています（次ページの表参照）。

◉USJの年間パスポートの種類

パスポート名	価格		除外日
	大人（12歳以上）	子ども（4～11歳）	
年間パス・ライト（低価格）	19,800円	13,500円	年間約70日
年間パス（通常価格）	25,800円	17,500円	年間約20日
年間パス VIP（高価格）	36,800円	25,200円	なし

※料金は税込価格
出所：USJのホームページの情報（2019年５月現在）をもとに作成

この年間パスポートは、パーク内が混み合う週末やゴールデン・ウイークなど年間70～75日は使えないことになりますが、通常のスタンダード料金より25％程度、価格が割安に設定されています。

ＵＳＪの入場者数は、２０１７年度は１５００万人程度で、４年連続で過去最高を更新しています。こうした点からもＵＳＪが価格変動制を導入したことは、効果的な**価格戦略**といえます。

なお、ＴＤＲ（東京ディズニーリゾート）も、価格変動制の導入については「来場者のためになるのであれば否定しない」（運営側のオリエンタルランド）と言及しています。ＵＳＪ同様に、ＴＤＲも繁忙期のパーク内の混雑に課題を抱えており、今後は価格変動制を導入する可能性もあるでしょう。

0-2
世界初の百貨店のボン・マルシェよりも先に越後屋が考案していた「正札販売」

テーマパークの価格変動制と同様に、アマゾンや楽天、ヤフーなどのEC企業（インターネットを利用して契約や決済などの電子商取引を行なう企業）は、ネット上で販売する商品の価格を頻繁に変えています。

極端な場合は、分刻みで価格を変動させています。それができるのは、ネット販売では「値札を書き換える必要がない」（簡単に価格表示を変えられる）という物理的な理由のほかに、EC企業側が顧客の購買行動を分析するために、詳細な顧客の購入履歴データを保有しているからです。

■大手EC企業の巧みな値下げと値上げ

大手ＥＣ企業は、自社のＷｅｂサイトを頻繁に利用してくれている顧客の性別・年齢や収入、割引価格やクーポンへの反応の仕方、さらには個人的な趣味や購買行動の特徴などを熟知しています。そのため、**どのタイミングで、どのくらいの値引き、あるいは値上げを提示すれば、顧客がどのように反応してくれるのか、おおよその予測をすることができる**のです。したがって、市場での商品の人気や自社の在庫状況を見ながら、ネット上で販売する商品の価格を時間の経過とともに随時変えていきます。

■価格変動が当たり前だった江戸時代の小売業にイノベーションを起こした「正札販売」

これに対して、歴史を振り返ってみると、いつでも誰に対しても同じ価格で販売する「**正札販売**《しょうふだはんばい》」が、３５０年前の小売業にとっては革新的な販売方法だったのです。しかも、この定価販売のイノベーションが、いまや衰退業種になりつつある日本の百貨店から生まれたというのですから何とも皮肉な話です。

いまを去ること約３５０年前の延宝元年（１６７３年）、現・三越伊勢丹ホールディングス傘下の百貨店、三越の前身にあたる「**越後屋**」が日本橋で呉服屋を開業します。創業者の伊勢国・松坂（現・三重県松阪市）の商人だった三井高利《みついたかとし》は、商品に「値札」をつけて販売する正札販売の方式を考案しました。それまで呉服の商売は、買い手と売り手が互いにそろばんを弾きながら、時間をかけて価格交渉するのがふつうでした。買い手と売り手の双方ともに顔が見える関係なので、その両者の懐具合や買い方の癖で価格がそれぞれ異なっていました。

しかし、商品に値札（定価）をつけて販売する越後屋の正札販売では、相手がお金持ちでも庶民でも、店の混み具合や時間に関係なく価格を変えることはありません。**相手によって差別しない公平な価格設定ですから、買い手は安心して着物を買うことができます。**

正札販売は庶民から絶大な支持を得て、越後屋の商売は大いに繁盛することになります。世界初の百貨店といわれる「**ボン・マルシェ**」がフランスで正札販売を開始したのは、1852年のことです。それよりはるか昔の江戸時代初期に日本では、すでに商習慣として「**定価販売**」が定着していたわけです。

0-3 所有を望まない消費者心理をつく「サブスクリプション・モデル」

前節で述べたように、正札販売を考案したのは江戸時代の伊勢国・松坂の商人でしたが、近年では一定期間に一定の金額を支払って、無制限にサービスが受けられる「**サブスクリプション・モデル**」（略して「サブスク」）：**定額購入モデル**）が人気です。

このサブスクリプション・モデルは、正札販売の系譜に属する販売方式といえます。価格の透明性（定額制）とストレスフリーなサービス（売買ごとの価格交渉を要しない安心感）が人気の根底にあるようです。

たとえば、アメリカ発のサブスクリプション・サービス（以下のカッコ内は2019年5月現在の月額料金（税込））には、「Netflix」（1296円）、「Apple Music」（980円）、「Amazonプライム」（500円）などがあります。これらは、グローバルに事業を展開しているIT系企業のサービスであることが特徴です。

■サブスクリプション・モデルが流行する理由

それに対して、現代の松坂商人ともいえる日本人が考案したサブスクリプション・モデルとしては、月額制ファッションレンタルの「エアークローゼット」（天沼聰《あまぬまさとし》氏：月1回3着まで月額7344円〔税込〕）や花の定期便「Bloomee Life」（武井亮太《たけいりょうた》氏：1回750円〔体験プラン：送料&税込〕）などがあります。

また、定額制サービスのコーヒーショップ「Coffee Mafia西新宿」（月額3000円〔税込〕）も事業は好調のようです。このコーヒーショップと「月額3000円で毎日コーヒー1杯無料」の契約を交わしたお客は、仮に毎日休まず、1カ月に30日通えば、通常1杯300円（ラージサイズ）のコーヒーが1杯100円になります。この価格は、コンビニ・コーヒー（本書の44～51ページなどを参照）と同じ支払金額に相当します。

こうしたサブスクリプション・サービスが国内外を問わず、一世を風靡《ふうび》している時代背景には、**高額な耐久財を所有しないという消費者行動の変化**があります。たとえば、一般社団法人日本自動車工業会が2018年4月に発表した「2017年度　乗用車市場動向調査」によれば、20代以下の若年層で自動車を購入する意向がない層は54％となっています。

これは、顕示《けんじ》（みせびらかし）のためにモノを所有するのではなく、純粋にモノの機能を利用するのなら、自動車のシェアリング（共同利用）やサブスクリプション（定額サービス利用）などで十分と考える若年層が多いということです。そのため、**シェアリングやサブスクリプションが所有に代わる選択肢になるのは自然な流れ**といえます。

また、ＩＴの進化でネットインフラが整ったため、モノに関連して生み出されるサービスを定額で消費者に提供できるビジネスシステムを構築しやすくなったことも、サブスクリプション・サービスが一般化している理由の１つです。

たとえば、皆さんの手元にあるスマートフォン（以下、スマホ）は、身分証明書の代わりとしても利用できます。そのほか、スマホは、自宅のカギの役割を果たしたり、エアコンや浴槽の温度を制御できるコントローラーになったり、さらにはコンビニの自動決済にも使えます。このように、私たちからは見えないクラウド（クラウドコンピューティング）上で、認証や資金決済のシステムが動いています。

サブスクリプション・モデルは、そうしたクラウドのシステムと相性が良いしくみなのです。

0-4

値づけの手がかりとしての「定価」の役割

ところで、世の中には、商品に「**定価**」があることで成り立っているビジネスがあります。その代表例が、ブックオフコーポレーションが展開する「**ブックオフ**」の中古本の販売事業です。

■「ブックオフ」の値づけのしくみ

たとえば、いま私の机の上に置いてある渡辺順子著『教養としてのワイン』（ダイヤモンド社、2018年）という本の定価（再販価格）は、本体1600円（＋税）です。

一読して役割を終えたので、私が、この本を新品同様な状態でブックオフに持ち込むとします。ブックオフの買取価格は160円です。買取価格についての交渉余地はありません。買取価格は、ちょうど定価の10分の1になります。

その後、私が持ち込んだ本は、ブックオフの従業員によって専用のやすりで削られて新品同様に再生されます。ブックオフの店頭に再度陳列されたときの中古本は、８００円に値づけされます。定価のジャスト半値です。なお、陳列してから数カ月経ってもその本が売れない場合は、一律１００円に値下げされて在庫処分されます。この販売手法は、同社内では「**ところてん方式**」と呼ばれています。

ブックオフの値づけのシステムは、とてもシンプルです。定価の10分の1で買い取った本を、再生した後に半値で販売するだけなのです。内容に関して知識がないアルバイトなどの素人でも本の買取および販売ができるのは、日本に「**再販制度**」（再販売価格維持制度）があるおかげです。つまり、本は出版社によって定価が決定され、一般書店などでは定価で販売されているので、誰でもその定価を基準に売買価格を決定できるのです。

もし、定価（メーカー希望小売価格）がついていなければ、買取価格の基準も再販売時の値づけの手がかりもありません。価格設定の作業が複雑になってしまうのです。

では、定価がよくわからない商品を転売したい場合、どのような手段を値づけに利用することができるでしょうか？

◉「Wine-Searcher」の平均価格表示の例

出所：「Wine-Searcher」サイトページ（https://www.wine-searcher.com）

■「メルカリ」と「Wine-Searcher」の基準価格

中古品取引仲介サイトの「**メルカリ**」では、買い取った商品を転売するときの参考価格（基準価格）が表示されます。購入者が中古品を買い取るときに安心感を与えるためのものです。

こうした**基準価格の表示によって、新品の定価に対応する目安（基準値）をサイト利用者に情報提供している**のです。

同様の価格表示の機能は、Wine-Searcher Limitedが運営するワインの価格比較サイト「**Wine-Searcher**」でも提供されています。

このWine-Searcherのアプリをスマホにインストールして、ワインのラベル画像をスマホで撮影すると、右に掲載した画像のように、世界中にあるワイナリーやワイン販売店の在庫データから送られた、そのワインの平均価格（基準価格）が表示されます。

ラベルをスキャンするだけで、ワインの平均的な販売価格がわかってしまうのです。こうなると、小売店やレストランは、あまり高い価格にすることができなくなるので、商売がやりにくくなっていることも事実です。

賢いスマホアプリの登場が、消費者の立場をますます強固にしている典型的な事例です。

0-5

値づけの基本方程式と3つの思考ポイント

ここまで取り上げた事例から、企業が商品やサービスの価格（単価）を決めるために考慮している要因がおおよそ推測できたのではないかと思います。

それらの要因とは、**利益、売上、原価、客数、客単価、買上点数**です。各要因の関係は、次ページの式（1〜3）のようにまとめることができます。

■値づけの基本方程式

そして、式（1）に式（2）と（3）を代入すると、最終的な利益は、式（4）で求めることができます。

この式（4）を、「**値づけの基本方程式**」と呼ぶことにしましょう。

◉値づけの基本方程式

利　益 ＝ 売　　上 － 原　　価 ……………………………… (1)
売　上 ＝ 客　　数 × 客 単 価 ……………………………… (2)
客単価 ＝ 商品単価 × 買上点数 ……………………………… (3)

式(1)に、式(2)と(3)を代入すると、

利　益 ＝ 客　　数 × 商品単価 × 買上点数 － 原　価
……………………………… (4)

式(4)を移項などして変形すると、

$$\text{商品単価} = \frac{\text{利　益} + \text{原　価}}{\text{客　数} \times \text{買上点数}} \quad \cdots\cdots (5)$$

※サービスの場合は、「商品単価」を「サービス単価」とする

すべての出発点は、商品やサービスの単価（価格）を決めることです。そして、**商品単価（サービス単価）の高低によって客数と買上点数（1回当たりの購入点数）が変動します。**

つまり、単価によって客数、買上点数、そして利益が決まるということです。

なお、式（4）を移項などして変形すると、上のように式（5）を導くこともできます。

この式（5）は、たとえば、必要なコスト（原価）が決まっている場合に、利益と客数と買上点数の目標値を設定し、商品やサービスの単価を検討する際に利用することができます。

■値づけを思考するときに課題となる3つのポイント

ただし、値づけ（価格戦略＝プライシング＝価格の決め方および見せ方）を思考していくに当たっては、次の３つのポイント（課題）を考慮しないといけません。

①季節や時間帯、顧客によって価格を変えるかどうか？

②利益を出すために、利幅（利益）を大きく取るか？
あるいは、小さな利幅で売上増（客数、買上点数）を狙うか？

③売上と利益を増やすために、顧客の心理をどのように利用するか？

本書を最後まで読んでもらえれば、この３つの課題に対する答えが得られることになります。つまり、あなたの会社が儲かるために必要な「**『値づけ』の思考法**」をしっかりと身につけることができます。

0-6

本書の構成

本書は、読みやすさを考えて、このIntroductionを除いて、5つの章（Chapter）で構成されています。また、読者の皆さんに最後まで興味を持ちながら読み進めてもらうために、実際の企業の実例を豊富に取り上げながら解説していきます。

Chapter 1の「**値づけの論理**～買いたくなる価格には必ず理由がある」では、値づけに関係する基本的な事項の決定がどのような経営的な配慮からなされているのかを解説します。

私たちが普段何気なく飲んでいるコーヒーや身につけている衣料品の価格は、企業の長期的な戦略を映している鏡ともいえます。「**セブン-イレブン**や**マクドナルド**で販売されているコーヒーの値段はなぜ100円に決まったのか？」など、商品やサービスの値づけの背後にある経営の論理についてひも解きます。

Chapter 2の「**スケール重視の低価格戦略**」～利幅よりも数量を狙う値づけの思考法」では、「価格破壊」ともいえるような安売りをするディスカウント戦略に成功している企業や商品、サービスを取り上げます。

最初の2つの事例は、ラーメンチェーンの**幸楽苑**と**日高屋**です。どちらも食材を自社製造しているチェーン店ですが、両社の成功要因はかなり違っています。幸楽苑は東日本全域を中心に店舗展開している全国チェーンですが、日高屋は関東ローカルのチェーン店です。同じ飲食チェーンでも、高収益を支えている品ぞろえや出店の仕方が異なるのです。

このChapter 2では、ディスカウント戦略により利益を生み出す様々なパターンを知ることができます。

Chapter 3の「**プレミアム価格戦略**～数量よりも利幅を狙う値づけの思考法」では、客数や販売数量より利幅を追求する企業や商品、サービスの事例を取り上げます。

池田屋カバン店のランドセルは、従来の商品スペック（仕様）を変えて、プレミアム市場（高単価の工房系ランドセル）を創造した事例です。入手できる季節や時間が限定されることで、普及品のランドセルに3倍の価格がつくようになりました。

付加価値戦略（プレミアム価格戦略）が機能する条件は、商品やサービスの**ブランド化**と**顧客ターゲットの絞り込み**です。そのため、このChapter3では、**モンドセレクション**や**グッドデザイン賞**のしくみ、**限定品**を好む顧客の特徴（顧客プロフィール）についても説明します。

Chapter 4の「**価格の心理戦略**～お客の心理を操作する値づけの思考法」では、商品やサービスの価格に反応する消費者の多様な心理を紹介します。

最初の興味深い事例は、「**牛丼のサイズのバリエーションが売上を増やす**」というロジックです。牛丼チェーン3社の経験からは、サイズのバリエーションを増やすだけでなく、それに**セット販売**を組み合わせることで客単価を上昇させられることがわかります。

また、コンビニで買い物をするときなどの待ち時間がお客の心理に対して与える影響も微妙です。待ち行列は、長すぎても短すぎてもいけないのです。この点についても解説します。

Chapter 5の「**価格の調整と顧客満足**～値上げと値下げを成功させる思考法」では、値上げと値下げで明暗を分けた事例をいくつか取り上げます。

このIntroductionで紹介した事例（0-1～0-3）でも触れたように、**値づけの基本戦略は、定額販売制（定価販売制）と価格変動制の選択**です。お客の心理（価格に対する信頼感）と企業側の事情（調達戦略、在庫管理、原価管理など）によって、定額販売制と価格変動制のどちらを選択するかが決まります。

特に、いまの企業にとって大切なのは、**どのタイミングで価格を変更するか**です。そこで、「ロングセラー」と呼ばれる定番商品を持つブランドや企業の価格戦略とスマートに価格変更を実施した企業の実例についても紹介します。

それでは、様々な実例を見ながら、あなたの会社が儲かるために最適な「『**値づけ**』の**思考法**」を探っていきましょう。

Chapter 1

値づけの論理

～買いたくなる価格には必ず理由がある

1-1 コンビニ・コーヒーの「価格破壊」はなぜ起こったのか？

コーヒーといえば、日本のカフェ業界を牽引してきたドトールとスターバックス。この2強をはじめとして、ドトールの系列ブランドであるエクセルシオールカフェやカフェコロラド、いわゆる老舗喫茶店と呼ばれるルノアールやシャノアール、珈琲豆へのこだわりを強く感じさせる珈琲館、シアトル系カフェチェーンに分類されるタリーズやブレンズコーヒーなど、熾烈な競争が繰り広げられています。

さらには、サードウェーブコーヒーの代表格といえるブルーボトルコーヒー、マクドナルドのマックカフェも存在感を示しており、すでに市場は飽和状態に達しているように思われます。

それなのに、なぜコンビニ（コンビニエンスストア）は、あえて淹《い》れたてコーヒーに参入したのでしょうか？

■手ごろな価格で淹れたてコーヒーを店頭販売できる理由

近年、コンビニ各社が力を入れている淹れたてコーヒー。たとえば**セブン‐イレブン・ジャパン**（以下、セブン‐イレブン）は、コーヒーサーバーサービス「**セブンカフェ**」を展開中です。

２０１０年からセブン‐イレブンのクリエイティブディレクションに関わっているデザイナーの佐藤可士和《かしわ》氏が、店頭に設置されるコーヒーサーバーから砂糖やミルクのパッケージに至るまで、すべてのデザインワークを担当したことでも話題になりました。そして、価格は、破格値の１杯１００円です。

２０１３年１月にコーヒーサーバーサービスはスタートし、セブン‐イレブン全店（当時、約1万6千店）への導入が完了した同年9月には2億杯の販売数量を突破。セブンカフェは登場からわずか1年で日本のコーヒー消費量の１％弱を占める存在になり、２０１８年度には販売数量が11億杯を突破しました。

じつは、セブン‐イレブンがセブンカフェを導入する前に、ローソンは「マチカフェ」（２０１１年）、ファミリーマートは「ファミマカフェ」（２０１２年）を展開しています。導入が競合他社より遅くなったにもかかわらず、セブンカフェが圧倒的な優位に立っています。

そもそも、コンビニ各社はなぜコーヒー市場に参入したのでしょうか？

結論からいえば、**コンビニにとってコーヒーは、1回で2度儲かる魅力的な商品**だからです。まず、単体の商品として利益が見込めます。コーヒーの原材料費は価格の2割～4割程度。コーヒーサーバーのほかに設備投資の必要はなく、他の商品に比べて利益率が高いといえるのです。

さらに、もう1つの理由があります。スターバックスの売上を支えているのは、コーヒーと一緒に買われるケーキやプリン、それからサンドイッチなどのサイドメニューです。これは、コンビニも同様で、コーヒーと一緒にデザートやサンドイッチを購入するお客が2割ほど存在します。つまり、**コーヒー単体だけでなく、お客の「ついで買い」を促して、ダブルで儲けている**のです。

■コーヒー豆相場の下落でコンビニが続々と参入

じつは、セブン-イレブンがコーヒーの店頭販売を手がけたのは、セブンカフェが最初ではありません。3回目の挑戦だったのです。

1980年代前半に店内でコーヒーを販売したのが最初です。当時、都内の人気店では、平均的な喫茶店をはるかに超える、1日260杯という売上がありました。しかし、そのコーヒーの販売サービスは中止されます。それは、コンビニで取り扱う商品が飽和状態となっていたため、多くの店舗で現場のオペレーションが限界を超えていたのではないかと推測されます。具体的には、1980年代当時、チキンやコロッケなどのホットフードの販売が当たり前になってきており、さらに、野菜や果物などを取り扱う店も増えてきました。コーヒーはセルフ方式で販売するとはいえ、メンテナンスなどの手間を考えると、マニュアルどおりの運営は現場での負荷が大きすぎたのでしょう。

2回目のチャレンジは1988年でした。このときは、注文を受けてからその場で1杯ずつつくるドリップ方式に切り替えました。そして、1990年にはカートリッジ方式に切り替えるなど、オペレーションのマイナーチェンジが施されましたが、定着するには至りませんでした。

オペレーションの状況は、その後も根本的には変わっていないはずです。それなのに、なぜ、セブン-イレブンはセブンカフェを導入したのでしょうか？

じつは近年、コーヒー豆は供給過剰で価格が下がっているのです。投機マネーが別の商品に移ったこともあり、コーヒー豆相場は1986年から1988年にかけて急落して約半分の価格になりました（なお、2019年1月時点も同水準です）。

この状況から、セブン-イレブンはコーヒーの粗利益率がさらに高まると考え、セブンカフェ導入の決断をしたのだと思われます。

激戦地と化したカフェ市場で勝ち残るのは？

いまカフェ業界は、ドトールやスターバックスなどのカフェチェーン、マクドナルドやモスバーガーなどのファストフード、そして近年参入したコンビニが三つ巴になってお客を取り合っています。

カフェ業界自体は成熟産業です。品質や加工技術で差別化するのは難しく、勝負を分けるのは、お客がコーヒーと一緒に頼むサイドメニューの品質です。従来、ケーキはカフェチェーン、調理パンなどのフードはファストフードに分がありましたが、いまはコンビニもクオリティでは負けていません。特に、デザートはコンビニ各社が力を入れているジャンルです。このままでは、カフェチェーンがコンビニに食われてしまう可能性まで見えてきました。とはいえ、カフェチェーンも指をくわえて見ているわけではありません。

いまカフェ業界では、セルフ方式ではなく、店員が客席で注文を取るフルサービス店が復活の兆しを見せています。代表的なのは、名古屋を中心に成長を続けるコメダ珈琲。老舗の銀座ルノアールも、ミヤマ珈琲というフルサービスの新業態を始めています。テイクアウトせずに客席に座ってくつろぎたいと思っているものの、マクドナルドでは若者の声が気になるし、スターバックスではおしゃべりがしにくいという高齢層に、コメダやミヤマのフルサービスがウケているのです。この業態は、高齢化とともに今後も成長が見込めるでしょう。

果たして、カフェ業界の頂点に立つのはどこか。今後も目が離せません。

豆知識

100円コーヒーの逆襲

2013年に発売されたセブンカフェの価格は、先行してコーヒーの店頭販売を導入していたコンビニ2社（ファミリーマート、ローソン）に比べても最安値の100円でした。売価が100円だと原価率は約60%になります。コーヒーマシンの償却や消耗品のカップなど、その他もろもろの経費がかかります。飲食店などで提供されるドリンク類は、70%以上の粗利を取るのがふつうです。にもかかわらず、セブンカフェ導入当時にセブン&アイ・ホールディングスの会長であった鈴木敏文氏は、コーヒーの開発担当者にセブンカフェの価格を100円にするように命じました。それには理由があったのです。

2012年に発売して好評を博していたマックカフェは150円、ドトールが180円（いずれも2013年当時の価格）でした。セブンカフェの100円は、圧倒的な安さを誇っていたのです。

この価格破壊の前例は、20年ほど前にセブン-イレブンが始めた「100円おにぎり」のキャンペーンでした。当時もいまも、セブン-イレブンのおにぎりは通常、130〜150円で売られています。ところが、マクドナルドのハンバーガーの価格は、そのころは定価で100円を切っていました。これが、セブン-イレブンが100円おにぎりの販売を始めるきっかけになったといわれています。

セブンカフェの場合はその逆で、150円のマックカフェに対して、セブン-イレブンは100円でコーヒーを発売したわけです。マクドナルドは、相次ぐ不祥事もあって、2014年から2016年にかけて売上の低迷に苦しむわけですが、マクドナルド不振の隠れた理由が、コンビニに固定客を取られたからだともいわれています。

1-2

価格帯が狭いユニクロが繁盛するのはなぜか？

適切な価格を設定するために、コストを積み上げて検証するのは、もちろん大切なことです。だからといって、モノをつくってコストが確定してから価格を決めていては、このご時世ではまったく売れません。**勝ち残るためには、スピーディで、ひとひねりした価格のつけ方が必要**なのです。

では、競争に強い企業では一体、どのように価格を設定しているのでしょうか？

近年、私が注目している小売業のチェーン店は、**ユニクロ、無印良品、ハニーズ、しまむら、ニトリ**です。これらの共通点は、**プライスライン（価格帯）がとても狭い**ことです。

ショッピングの醍醐味は、たくさんのデザインや価格帯の中からお気に入りの一品を選ぶことにあるはずですが、価格帯が狭い店のほうが繁盛するのはなぜでしょうか？

■お客の「考えるコスト」を削減し、購買への近道をつくる

マーケティングの教科書には、「消費者の多様なニーズに合わせて品ぞろえすべき」とよく書いてありますね。しかし、それが必ずしも正解とは限らないのです。

同じ商品カテゴリーで、高額のものから安価なものまで、価格もデザインも豊富に品ぞろえしてあるファッション衣料品店を考えてみてください。価格帯がいくつもある店では、お客は商品ごとに品質と価格を比べて検討する必要があります。百貨店に出店しているブランドショップがそうです。その場合、買い物に時間がかかります。

その時間的・心理的な負担を、マーケティング用語では、「**コスト・オブ・シンキング**」（Cost of Thinking）といいます。つまり、「**考えるコスト**」のことです。

それに対して、ユニクロや無印良品などは、価格帯を狭くすることでお客の考えるコストを軽減しています。品質と価格をトレードオフ（比較検討）しながら、お客は「買う／買わない」を判断しています。

たとえば、価格が1つか、せいぜい2つくらいにシンプルに設定されていると、お客は考えるコストを軽減できます。お客に「どれを買おうか」と考える面倒な段階をスキップ

させて、いきなり購買に誘導するというわけです。つまり、お客を迷わせない「**ワンプライス**」(価格が1つ。ここでは、価格帯が近くて、ほぼワンプライスというケースも含みます)がユニクロなどの人気の秘密といえます。

さらに絶妙なのは、そのときの価格設定です。いくらわかりやすくても、価格が高いと感じれば、お客は手を出しません。でも、そうした店の多くは、思わず商品に手が伸びる「**値ごろ感**」のある価格(売買をするのに適しているとお客が感じる価格)で統一されています。

興味深いのは、そうした企業の価格の決め方です。ふつうは商品をつくってから、原価にいくら利益を乗せるのかを決めますが、ワンプライス店では、まず値ごろ感のある価格から先に決めています。その価格設定後に、**利益が出るように原価を逆算して、その範囲内で商品がつくれるように、原材料の調達先や素材の加工方法などを決めます**。通常と逆の手順で商品開発をするので、お客にとって値ごろ感のある価格設定になるのです(58〜59ページの「値づけ思考に必要な基本知識」を参照)。

ユニクロは「商品アイテムの絞り込み」と「タテ型陳列」でコスト削減

それでは、それらの店はどうやって原価を下げる工夫をしているのでしょうか？

アパレルを例に見ていくことにしましょう。

ユニクロの特徴は、「**商品アイテムの絞り込み**」にあります。取り扱っている商品アイテムが増えれば、それだけ生産や販売のコストがかさみます。その点を考慮して、ユニクロは**同じデザインの商品に対して、カラーでバリエーションをつけています。色を変えるだけなら、追加コストはほとんどかかりません。**

さらに、商品の陳列にも工夫を施しています。デパートが多様な商品をヨコ方向に並べているのに対して、ユニクロは同じデザインの商品をタテ方向に積んで陳列しています。これを「タテ型陳列」（Vertical display）といいます。売り場で垂直方向に商品を陳列するメリットは、店舗で買い物をするお客が商品を見やすくなるだけではありません。販売員にとっても、商品の管理をとてもスムーズに行なうことができるのです。

衣料品の量販店でアルバイトなどの店員が作業をしている状態を想像してみてください。店員が一番時間を割いているのは、お客が試しに手に取ってグチャグチャにした商品の服を、元どおりにきれいにたたんで元の陳列場所に戻す作業なのです。でも、タテ方向に同じ商品が並んでいれば、服をたたんで元の場所に戻すときに、いちいち棚を探す手間がかかりません。

こうしたオペレーションの効率化もコストを下げる一因となります。

■オペレーターが商品を開発するハニーズと店舗間で商品を転送するしまむら

ただし、同様にプライスライン（価格帯）を絞った衣料品の量販店でも、**ハニーズやしまむら**といった企業はデザインが多種多様です。デザインが多様で、商品アイテムの数が増えればコストがかかるはずです。ところが、両社の商品は価格が安く業績も好調です。

両社は、コストをどのように抑えているのでしょうか？

ハニーズとしまむらでは、そのやり方が違っています。

ハニーズは、過去のデザインパターンをデータベースにして、シーズンごとに流行を取り入れて微調整しています。**専門のデザイナーではなく、オペレーター＝マーケター（社**

員の中から選ばれた担当者）が街頭観察（渋谷や原宿）によりキャッチしたトレンドをもとにデザインすることで、商品開発のコストを下げているというわけです。

一方のしまむらは、ＳＰＡ（製造小売業）ではありませんから、商品開発や製造過程に直接は関与することができません。したがって、開発と調達でコストダウンの工夫ができませんので、売れ行きの悪い商品を別の店舗に「**転送**」（同社内では、「移送」と呼ぶようです）することで、売れ残りを減らすしくみを確立しています。

同社の在庫ロス率は、なんと０・58％。２００着仕入れてわずか1着しか廃棄が出ない計算になります。なお、**しまむらが安価に商品を転送できるのは、全国各地に自社物流センターを持っているからです。**しかも、各物流センターは自動化が進んでいて、１カ所のセンターがわずか４人で運営されています。

こうした自社物流の場合、配送コストは低くなります。通常の宅配便だと段ボール１箱の全国配送が８００円かかるのに対して、社内の転送便だと段ボール１箱が60円で運べるそうです。いずれにしても、**徹底したムダの排除が、値ごろ感のある価格実現のカギ**といえます。

原価積み上げ方式、原価逆決め方式、PSM分析

電力・ガス会社のような公共事業や建設工事の請負などでは、必要なコストに一定の利幅（利益）を上乗せして価格を決めています。これは、値づけの理論の1つで、「**原価積み上げ方式**」あるいは「**フルコスト原理**」と呼ばれています。それとは逆の方式が、「**原価逆決め方式**」と呼ばれる値づけです。

後者の原価逆決め方式で値づけを行なうときには、まず、市場調査などの手法を使って、消費者にとって「**値ごろ感のある価格**」を調べ、たとえば、その価格が100円で30％の粗利が必要なら、商品の適正原価は70％になります。その場合、70円で商品が調達できる工場を探すか、原価が70円で収まるように、原材料の調達先や加工方法を工夫します。

商品の調達と加工について、最初にこの原理に気がついたのは、100円ショップの**ダイソー**でした。その後、製造小売業と呼ばれるユニクロや無印良品やニトリが、値ごろ感のある商品がつくれる工場を求めて、1990年の後半から、中国やベトナムなどアジア

◉値ごろ感のある価格を探るＰＳＭ分析

質問①
「高すぎて買わない」
と思う価格は？
質問②
「高いけれど買おう」
と思う価格は？
質問③
「安いから買いたい」
と思う価格は？
質問④
「安すぎて悪かろう」
と思う価格は？

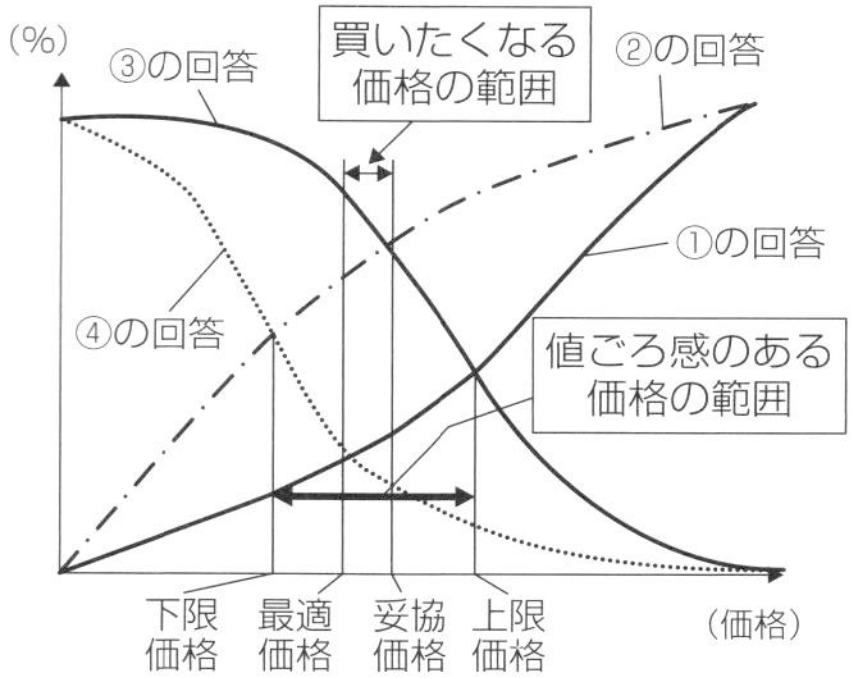

の国々に進出をしていくことになりました。

ところで、「値ごろ感のある価格」を推定する方法としては、「**PSM分析**」（価格感度分析）があります。

具体的には、商品やサービスについて、まず、お客などに（できれば30人以上）、左上に示した4つの質問をします。次に、各質問に対して回答された価格の累積比率を集計し、右上のようなグラフを描くと、4つの交点が現れます。それぞれ、①と③の交点はこれ以上高いと誰も買ってくれない**上限価格**、②と③の交点は高いけれど仕方がないと思って買う**妥協価格**、①と④の交点はお客が最も満足する**最適価格**、②と④の交点はこれ以上安いと品質に不安を感じる**下限価格**となります。

値ごろ感のある価格は「下限価格～上限価格」の範囲に、お客が積極的に買いたいと思う価格は「最適価格～妥協価格」の範囲にあると推定できます。

1-3

プレミアム価格戦略をとる美容室、ディスカウント戦略をとる理容室

ショートカットの女性や美容室派の男性が髪を切る頻度は、1カ月半に1回くらい。ちょっと髪の毛が伸びた程度では、「もう少し我慢しよう」と、カット代を節約する人も多いようです。それは、美容室は理容室（床屋）に比べてちょっと価格が高いからでしょう。

美容室と理容室は、同じヘアカットの商売とはいっても、サービス内容は似て非なるものです。その違いについて考えてみましょう。

■美容室と理容室はどっちが儲かる？　意外と知られていない業界の謎

美容室の客単価は1万円前後。それに対して理容室は3000～4000円です。

美容室も理容室も同じ国家資格で開業しているのに、なぜこんなに価格に開きが出るの

でしょうか?

それは、**美容室と理容室では、ビジネスモデルが違う**からです。

どちらも基本的なカット料金はそれほど変わりませんが、美容室はオプションの種類が豊富。つまり、お客が好みでトリートメントやパーマ、カラーリングなどを追加するため、客単価が上がるのです。さらに、物販も大事な収益源となっています。ある美容室チェーンの広報部に確認したところ、売上全体に占める物販の比率は、店の規模などによっても違いますが、一般的には15%前後だそうです。

しかも、美容室で扱っているシャンプーやヘアケア製品は、その場で使ってみることができるので、実際に製品の品質の良さを確かめることができます。ただし、シャンプーやヘアケア製品は市販のものより若干高めとなっています。それでも、お客は値段にも納得したうえで購入します。

このように**美容室では、個人のニーズに合わせた高付加価値を提供するプレミアム価格戦略がとられているの**です。

一方、理容室は、美容室に比べてメニューのオプションが少なく、物販を行なっている店も少ないといえます。つまり、**理容室では、サービスを標準化させて低価格で提供するディスカウント戦略をとっているのです。**象徴的なのは、パーマやカラーリングなしでカットのみを提供する駅前の1000円カット店。美容室とは明らかにビジネスモデルが異なります。

▒地域密着型の理容室、商圏が広い美容室

理容室と美容室では商圏の広さも異なります。**理容室は原則的に地域密着型。一方、美容室は商圏が広くて、わざわざ電車に乗って髪を切りに来る人もいます。**それは、お客がお店ではなく美容師についているからです。

一般的に、理容室では担当者を指名することができませんが、美容室は指名が当たり前。それと、技術レベルやスタイリストの人気によって施術の料金も違います（次ページの表参照）。ここでも、美容室ではプレミアム価格戦略が徹底されているわけです。

ただ、客単価が高いほうの美容室のスタッフ全員が高給取りかというと、必ずしもそうではありません。美容室はチーム分業制で、1人のお客にたくさんのスタッフが関わりま

◉美容師の技術レベル別料金

技術レベル	料金
セレクトアートディレクター （国内外の撮影やヘアショー講師または店長、オーナー、スタイリスト）	2,500円
アートディレクター （社内外の講師または店長、オーナー、スタイリスト）	2,000円
サロンディレクター （多くのお客に支持され、リピート率の高いスタイリスト）	1,500円
トップスタイリスト （社内テクニカルテストに合格しているスタイリスト）	1,000円
スタイリスト （社内テストに合格しているスタイリスト）	500円

※美容師は技術レベルによって指名料金が異なる
※この違いが、美容師の技術向上の励みにもなっている
※技術料は2011年４月時点での渋谷道玄坂店の例
出所：HAIR & MAKE EARTHの協力により得た情報をもとに作成

す。そのため、客単価が高くても従業員１人当たりの単価はそれほど高くはないのです。

また、カリスマ美容師になれるのはごく一部で、全般的に従業員の離職率は高めです。結果的に、若いスタッフが中心になり、人件費は低めに抑えられる傾向があります。

さらに、美容室業界は日本で一番店舗数が多いサービス業です（データについては次ページ参照）。この美容室業界は競争が激しく、働く従業員にとっては仕事が時間的にも肉体的にもハードです。その割に、収入などの待遇面ではそれほど恵まれないことも、離職率が高い理由になっています。

■廃業の危機に直面している町の理容室に生き残りの秘策はあるか？

それなら理容師になったほうが儲かりそうですが、厚生労働省が発表した『平成29年度（2017年度）衛生行政報告例』によれば、2017年3月末現在の理容室の数は12万965店で前年比1574店の減少（マイナス1・3％）だったのに対し、美容室は42 18店増加（プラス1・7％）し、過去最高の24万7578店になっています。

美容室の増加は、おしゃれにこだわりを持つ男性客が理容室から乗り換えたためですが、今後もこの傾向は続いて、お客を奪われた町の理容室は苦戦しそうです。

理容室業界は、QBハウスに代表される1000円カット（2019年5月現在は税込1200円）のように、安さに特化しないと生き残りはなかなか難しいでしょう。

値づけ思考を強化する

豆知識

1人当たりの美容室の数、全国第1位は？

「日本三大美人」といわれる秋田県、京都府、福岡県の女性300人（20代〜40代）を対象に実施したアンケート調査があります。美容クリニックのあやべビューティークリニック福岡が２０１７年３月に実施した「『日本三大美人』に関する意識・実態調査」です。同調査結果では、「地元が三大美人の地域といわれていることに対してプレッシャーを感じる」と答えたのは、秋田の女性が37％と最も多く、福岡の18％、京都の12％を大幅に上回っていました。

また、同調査によると、秋田県の女性たちは、「自己紹介で出身地をいうとき」（37歳）、「テレビで『秋田美人をさがせ』のようなロケ番組を見たとき」（24歳）、「知人に『秋田美人紹介して』といわれたとき」（29歳）にプレッシャーを感じるといった声が上がっています。

また、各県の１年間で美容にかける平均金額は、秋田は約５万円で、京都の約６万３０００円、福岡の約７万１０００円と比べて低かったのです。なお、全国の男女約１６００人への事前調査では、約６割が「美人と聞いて思い浮かべる都道府県」として秋田を挙げています。

それでは、人口１万人当たりの美容室数がもっとも多い県はどこでしょうか？

第1位は秋田県の30・5店、2位は徳島県の30・4店、3位は山形県で28・3店でした。

ちなみに、少ないほうの順位は、47位が神奈川県の12・5店、46位が千葉県の14・8店、45位は埼玉県の15・0店です（2019年度の総務省人口推計および厚生労働省『平成29年度（2017年度）衛生行政報告例』の統計データをもとに計算）。

こうした統計データも、商品やサービスの価格設定で値ごろ感をつくるときに参考にすることができます。

1-4

コンビニが売れ残った弁当を廃棄していた理由

消費期限ギリギリの見切り品を目当てに、閉店間際のスーパーで買い物をする人も少なくありません。しかし、値引き販売を当たり前のように行なうスーパーとは違い、一般的にいままでのコンビニでは消費期限が近づいても定価のままでした。

加工食品や雑貨類の場合は、商品入れ替えによる販売終了にともない、店頭ワゴンやレジ横で在庫処分セールをすることはありますが、弁当や惣菜、牛乳や豆腐などの日配食品（デイリー食品）が値引きされることはなかったのです。以前のコンビニでは、売れ残った日配食品は、廃棄処分されていました。

ところが、この状況は２００９年に大きく変化しました。コンビニで販売されている弁当などの日配食品の廃棄に関して、公正取引委員会が排除勧告を出したからです。

■値引き販売をするとPOSデータが狂う

２００９年以前、コンビニの各加盟店のオーナーが本部と交わしていたフランチャイズ契約書には、売れ残った弁当などの日配食品を廃棄する場合、加盟店が廃棄分の全額を負担することが明記されていて、廃棄ロス分は加盟店が受け取れる粗利から差し引かれました。そのため、加盟店の立場から見れば、値引きしてでも弁当などの日配食品を売り切ったほうが儲かるはずです。

ではなぜ、コンビニ本部はこれまで日配食品の値引き販売に消極的だったのでしょうか？

コンビニのオーナー（実際には、社員やアルバイト店員）は、ＰＯＳデータの販売実績を見ながら、弁当や調理パン、デザート類の発注量を決めています。ところが、値引きをしてしまうと、本来ならあまり売れないはずの商品が売れるなど、ＰＯＳデータに基づく需要予測に狂いが生じてしまうのです。

需要予測の精度が落ちると、値引き販売頼りの過剰発注が横行し、かえって加盟店の利益率が下がるおそれがあります。また、定価販売が当たり前のコンビニが値引きを行なうようになれば、顧客の購買行動が変わってしまいます。それに起因して、近隣のコンビニ間で、激しい値引き競争が始まるのが本部としては困りものなのです。

さらに、もともと超多忙なコンビニの業務に、見切り販売の判断という作業が加わると、仕事が複雑になり、かつ作業量が増えることになるのです。

コンビニの本部が値引きに消極的だった理由は、**定価販売を維持することで発注作業をシンプルにし、加盟店に的確な需要予測に基づいた発注をさせるため**だったのです。

■スーパーとコンビニの品出しと発注方式の違い

ただ、需要予測の重要さはコンビニもスーパーも同じはずです。

では、なぜスーパーは値下げしているのでしょうか?

じつは、コンビニとスーパーでは品出しの方法が違います。コンビニは工場で弁当をつくって配送する「**セントラルキッチン方式**」を採用しています。この方式の場合、前日発注が基本で、精度の高い発注が求められます。一方、スーパーは店舗内で調理する「**インストア加工方式**」を採用しており、店舗の中で売れ行きを随時見ながら品出しを調整できます。ＰＯＳデータだけに頼っているわけではないので、値引きに踏み切りやすいのです。

また、閉店時間が決まっているスーパーと24時間営業がほとんどのコンビニとでは、値引きに対する考え方自体も異なります。スーパーでは、深夜営業の店舗を除くと、消費期限までの期間が短い弁当や総菜類などの日配食品は、翌日まで持ち越すことができません。コンビニとは異なり営業時間に制約があるため、値引き販売をせざるを得ない事情があります。

さらに、現場スタッフの権限も違います。スーパーの惣菜コーナーは、担当社員が現場に常駐して粗利を管理しているため、臨機応変に値引き販売の判断を下すことができます。これに対して、コンビニのスタッフはアルバイトが中心で、店長以外は値引きの判断を下す決定権を持っていません。また、もし経験に乏しいアルバイトが勝手に値引き販売を行なったりしたら、それこそ儲けを逃すことになりかねないでしょう。

お客にとってはありがたい値引き販売も、コンビニ加盟店にとっては諸刃の剣というわけです。

公正取引委員会の判断と「フードロス」に対する世論

一方で、コンビニ本部が加盟店に値引き販売をしないよう推奨することについて、その継続が難しくなってきているという時代の流れもあります。

２００９年に公正取引委員会が、業界最大手のセブン-イレブン・ジャパン（以下、セブン-イレブン）に対し、「値引き販売をしないよう事実上の強制があり、店側の商品価値を決める権利を妨げた」ことが独占禁止法違反（不公正な取引方法・優越的地位の濫用）に該当するとして排除措置命令を出しています。

その後、セブン-イレブン（本部）は、公正取引委員会の排除措置命令を受けて、現在では廃棄損失の15％を同社が負担するルールを導入しました。ちなみに、ローソンやファミリーマートでも、加盟店が全額負担していた廃棄分を、粗利から10％程度補填するようになっています。

さらに近年、本書の「はじめに」でも取り上げた「**フードロス**」という問題も無視できなくなってきました。

２０１２年、国連事務総長（当時）の潘基文《パンギムン》氏が「Zero Hunger Challenge」を宣言。

その際に定めた5つの目標の中に、「責任ある消費を含め、食料ロスまたは廃棄をゼロとする」ことを掲げています。それを踏まえ、2015年、フランスではスーパーが慈善団体などの要請に応じ、賞味期限切れの売れ残り食品を寄付するよう義務づける、通称「反フードロス法」が可決されて話題になりました。

このような動きを受け、日本でもフードロスに対する意識が高まったため、本書の「はじめに」でも触れたように、セブン-イレブンとローソンは売れ残りそうな日配食品の実質的な値引きに踏み切ったわけです。

値づけ思考を強化する

豆知識

コンビニ各社の食品廃棄率

セブン-イレブンでは、弁当やパン類、デザートや総菜などの日配食品で、全商品の平均約7%を廃棄しているというデータがあります。競合のローソンやファミリーマートでも、廃棄率はそれよりは低い水準ですが、概ね3~5%程度といわれています。

コンビニ上位3社のなかで、業績がダントツで良好なセブン-イレブンが、どうして突出して食品廃棄率が高いのでしょうか？

その答えは、**チャンスロス**に対する考え方の違いとその徹底の度合いにあります。なお、チャンスロスとは、商品が品切れしたために失った売上の損失のことです。

コンビニの上位3社の店舗に行って、弁当やパン・菓子類や総菜のコーナーで陳列量を比較してみてください。セブン-イレブンの店舗では、ローソンやファミリーマートと比べて常に商品が高く積まれています。欠品が少ないのは、特に消費期限までの期間が短い日配食品で、多めに発注するよう、本部が加盟店への指導を徹底しているからです。夕方から深夜の時間帯に、欠品が出ないように、つまり販売機会を逃さないように発注を多めにしているのです。

当然のことながら、そうなれば、店頭在庫は増えるため、売れ残りも多く発生します。1店舗当たりの売上が高いことと、フードロス率の大きさは相関しているわけです。皮肉なことに、本部が加盟店の廃棄負担分をより多く補填するようになってからは、さらに日配食品の廃棄量が増えています。

しかし最近、コンビニでも24時間営業をやめる動きが出てきています。そうした状況では、コンビニの日配食品の値引きが当たり前になるはずです。

1-5

ミネラルウォーターとジュースがほぼ同じ価格という摩訶不思議

「自然の水を汲んでボトルに入れるだけなのに、なぜ150円もするの?」

「もっと安くてもいいのでは?」——。

どう考えても材料費がかかっていないのに、ジュースやお茶とほぼ同じ価格という**ミネラルウォーター**。その疑問に迫ってみましょう。

■ミネラルウォーターはどうして高いのか?

ミネラルウォーターの500mlサイズは、通常100~150円で販売されています。これは同じサイズのお茶と変わらない価格。スーパーやコンビニで売られているPB(プライベートブランド)商品のお茶は、通常60~80円。むしろ水のほうが高いケースもあり

※本節の内容は、拙著『お客に言えない!「利益」の法則』〔青春出版社〕に掲載された内容を編集しています。

ます。

何の味もついていない、ただの水のほうが高いのはなぜでしょうか？

まずは、ミネラルウォーターの原価をチェックしてみましょう。岐阜県のとある名水を詰めたミネラルウォーターは、市場価格が１３０円（２０１６年時の価格）。この商品は、小売店に50円で卸しています。フィットネスクラブやテーマパークなどに相手先のブランド名で納品していますが、その場合はラベルを特注していますので、約60円で卸しています。

卸値では50〜60円なのですが、そのうち意外に原価を押し上げているのが容器代なのです。細かく積算すると、ペットボトルの容器が15円、キャップが3円、ラベルが２・５円、段ボール代が１本当たりで換算すると２円かかります。段ボール代を含む容器代の合計は22・５円ということになります。

名水といっても、中身の水そのものはタダです。水をくみ上げるボーリング施設と土地さえあればくみ放題です。当たり前のことですが、公共の水道料金も必要ありません。土

◉あるミネラルウォーターの原価構成

科目	1本当たりの金額
ペットボトルの容器代	15円
キャップ代	3円
ラベル代	2.5円
段ボール代	2円
初期投資コスト （土地の取得代、工場設備費など）	3.5円
ボトリング時の人件費・電気代	13円
物流費	8円
合計	47円

地の取得代や水をパッキングする工場設備の費用などの初期投資は必要ですが、この名水の場合は、1本当たりの初期投資のコスト負担を3・5円で計算しているそうです。

くみ上げた水は、ろ過したり加熱したりするなどの処理が必要になります。このボトリング時の処理にかかる人件費や電気代は1本当たり13円です。

また、工場でパッキングしたミネラルウォーターは、ペットボトルに詰めた後、問屋や小売店まで運ばなくてはいけません。今回調査した岐阜県にある工場から関東の店舗やサービス施設までの物流費は、1本当たり8円でした。ここまでの合計47円が原価になります。

■ミネラルウォーターのメーカーは儲からない⁉

これを50円で問屋や小売店に卸すと、1本当たりの利益はわずか3円にしかなりません。利益率は、売値のわずか6％（＝3円÷50円）。メーカーにとっては、利幅が薄くて儲からない商品だといえます。ちなみに、お茶のほうは、茶葉や水道代がかかりますが、水と比べるとボーリングなどの初期投資や工場設備費が割安になります。結果的に、お茶と水では、おそらく原価はほとんど変わらないと推測されます。

ミネラルウォーターについて注目すべきは、むしろ小売店の取り分です。卸売価格50円を店頭130円で売れば、1本につき80円の利益が出ます。メーカーの利益が1本3円であることに比べると、これは雲泥の差です。小売店の取り分を削れば、もっと安く販売することも可能でしょうが、「そうは問屋が卸さない」のです。ミネラルウォータービジネスは、競争が激しいので、小売店の利益を抑えようとすると、仕入れてもらえません。したがって、**ほとんどのミネラルウォーターはメーカー側で利益が出せていない**のです。

■ブランドイメージが価格を決める？

また、ミネラルウォーターは売れ行きがブランドイメージに大きく左右される商品です。安く売りすぎると、消費者に「水道水と大差がないのでは？」「わざわざ買うほどのものでもないかもしれない」という印象を与えてしまい、逆に敬遠されてしまいます。

ブランドイメージを損なわず、なおかつ高すぎない価格を追求した結果、お茶と同じ程度の価格になったわけです。

ちなみに、為替の要因を無視すれば、輸入品のミネラルウォーターも製造原価は大して変わりません。エビアン、コントレックス、ボルヴィックなど、商社が海外から輸入しているブランド水の場合は、海上輸送コンテナで大量に運んできています。そのため、国内の名水と比べても物流費に大差はありません。ただし、輸入品の場合は関税がかかります。その分、輸入ブランド水のほうが小売値はやや高めに設定されています。

国内でも海外でも、水は基本的に現地で飲むとタダ。私たちは水そのものではなく、ブランドイメージと容器代や輸送代にお金を払っていることになりますね。

値づけ思考を強化する

豆知識

塩のブランド価値

水の原価構成とよく似た商品に、天然の塩があります。コスト構造を見ると、小売マージンがもっとも大きく、その次が流通経費で、製造原価が意外に低い商品です。

日本では1997年に専売制度が廃止されるまで、原則として同じ価格で売られていた塩ですが、価格統制（専売公社）が外れてからは、産地（沖縄、伯方、モンゴル、イタリアなど）やミネラル成分の量によって、価格に大きな差がつくようになりました。具体的に説明しましょう。

ふつうの家庭が食卓で使っている塩は、旧専売公社の塩事業センターで生産されています。1kg当たりの小売価格は約100円。それが、「天塩」「伯方の塩」などの国内産地のブランド塩になると、その約3倍になります。さらに、輸入ブランド品の「モンゴルの塩」「ヒマラヤ岩塩」「アルプスソルト」などは、5～10倍の価格になります。水のプレミアムより、価格差（＝ブランド価値）が大きくなります。

1-6

コインパーキングの儲けの発想はラブホテルと同じ？

駅前や繁華街では駐車場を見つけるのにひと苦労します。「路上駐車したいけれど、駐車違反のキップが怖い」「パーキング代が少々高くても空きがあるだけマシ」と、**コインパーキング**を利用する人も多いでしょう。

コインパーキングは、精算機を導入すれば管理人不在でも運営できます。人件費もほぼ不要ですし、メーカーや小売店のように商品開発や仕入れに頭を悩ませる必要もありません。（貸す側にとって）コインパーキングは、じつに儲かる商売に見えますが一体、どのくらい儲かるものなのでしょうか？

■月極駐車場とコインパーキング、儲かるのはどっちか？

街のあちこちで見かけるコインパーキング。料金は分単位と細かい時間で設定されています。じつは、分単位のコインパーキングは、月極めの駐車場より5倍儲かるビジネスだといえるのです。

東京23区における月極駐車場の相場は、1万6000円弱（葛飾区柴又エリア）〜5万7000円弱（千代田区内神田エリア）です。ここでは、月極駐車場の料金が3万円ほどの地域（新宿区下落合エリア）で考えてみましょう。なお、同エリアの時間貸しのコインパーキングでは、通常の時間帯（8〜24時）なら1時間当たり400円、深夜・早朝（24〜8時）なら1時間当たり100円になっています。

コインパーキングで1台の駐車スペースがフル稼働した場合、1つのスペースにつき1日最大7200円（＝400円×16時間＋100円×8時間）の売上ですが、利益率を7割とすると1日5040円（＝7200円×0・7）、月30日稼働で計算すると、1カ月の利益は15万1200円（＝5040円×30日）で、月極駐車場の約5倍になります。したがって、駐車場を月極めで貸すよりコインパーキングのほうがずっと儲かるのです。

■コインパーキングの儲けの発想は「小口化」

時間貸しのコインパーキングのように、本来ならまとまっているサービスを細かく分割して販売する手法を「**小口化**」といいます。これは、通常は1泊のところを時間貸しにして**回転率**を上げれば、1泊料金以上の利益が得られるというラブホテルと同じ発想です。**駐車場も小口化して回転率を高めたほうが儲かる**のです。

コインパーキングは、土地のオーナーが運営会社に高めの月極めの賃料で土地を貸し、運営会社が小口化して時間貸しをするのが一般的なビジネスモデルです。オーナーは回転率にかかわらず一定の収益を得ることができますが、運営会社の収益は回転率が命です。そのため、回転率を高めるような時間設定がされています。同じ地域のコインパーキングでも、15分単位の駐車場もあれば、40分単位の駐車場もあります。なぜでしょうか?

それは、利用者がその駐車場から駅や繁華街まで出かけ、用事を済ませて帰ってくる平均時間をもとに時間単位を決めているからです。たとえば、次ページの表に示したように、駅から近い駐車場なら5分、20分、25分単位、逆に駅から遠い駐車場なら40分単位となることが多いようです。つまり、駅に近いほど料金設定は細かくなっているのです。

◉コインパーキングの時間設定（JR中央線阿佐ヶ谷駅周辺）

時間設定	立地
５分単位（Ａ社８時～24時）	駅から最も近い
20分単位（Ｂ社８時～24時）	駅から２番目に近い
25分単位（Ｃ社８時～24時）	駅から３番目に近い
40分単位（Ｄ社８時～22時）	駅から最も遠い

出所：筆者チームが実施した調査をもとに作成

このように立地に合わせて細かく時間設定をすると、利用されない空き時間が少なくなり回転率も上がり、高収益になります。

■罰金とパーキング代、どっちが得か？

月極駐車場の５倍も収益が見込めるなら、もっと安くしてほしい、と思うのが利用者の本音でしょう。でも、駐車場側の強気な料金設定には、もう１つの背景があります。値づけ思考を強化するために自分事として想像してみてください。

駐車料金は、駐車違反の摘発率とも関係があるのです。

駐車違反の罰金は概ね１万５０００円～１万８０００円です。20回に１回摘発されるような取り締まりの厳しい地域では、１時間当たり６００円の駐車場料金を支払っても、６００円×20回＝１万２０００円で、罰金より安く済むというわけです。

コインパーキングでは、この関係が逆転しない範囲で料金を設定しています。つまり、コインパーキングの駐車料金は、原価（月極め料金）から算出されるだけでなく、罰金との兼ね合いからも計算されているのです。

路上駐車が違法なのは当然ですが、「損得勘定」で考えても、駐車場の利用が賢い選択といえそうです。こうしたお客の心理を思考することが、値ごろ感のある値づけには必要なのです。

値づけ思考を強化する

豆知識

「シェアビジネス」も小口化ビジネス

コインパーキングとラブホテルが小口化ビジネスの代表例ですが、このビジネスにはもっと広がりが見られます。近年、盛んになってきている「**シェアビジネス**」がその一例です。

コインパーキングは、駐車場（土地）のような固定資産の利用を時間で小口化したビジ

◉カーシェアリングの料金設定（トヨタのヴィッツを借りる場合）

プラン名	料金
ショート	206円/15分
6時間パック	4,020円
12時間パック	6,690円
24時間パック	8,230円
36時間パック	12,000円
48時間パック	14,000円
60時間パック	20,000円

※ショート、6時間パックは距離料金なし
※12時間〜60時間パックは、16円/kmの距離料金が発生
出所：タイムズ24株式会社のホームページ（2019年5月現在）をもとに作成

ネスです。ラブホテルやカラオケルームも、部屋の使用権を短い時間（たとえば、2時間や3時間など）に小口化して利用を分割しているビジネスです。

このような小口化が適用された**カーシェアリング**が最近、特に都市部で普及しています。たとえば、上の表に示したように、東京都市部で、トヨタのヴィッツを2時間だけ借りる場合は1648円（年会費は除く）を支払うだけで済みます。

なお、1年間、毎週土日に2時間ずつ使用し続ける（年間104回利用）場合、合計金額は17万1392円（＝1648円×104回）と計算できます。

一方、メーカー希望小売価格の150万円でヴィッツを購入しようとすると、ローンの支払い、駐車スペースの確保、車両の維持費を合わせて、年間50万円以上の負担になります。どう考えても、カーシェアリン

グサービスを利用したほうが経済的に得だといえます。

カーシェアリングサービス事業の特筆すべき点は、カーレンタルサービス事業との事業主体の違いです。

カーシェアリングサービスは、トヨタ、日産、ホンダといった自動車メーカーの系列のレンタカー会社ではなく、タイムズ24（パーク24グループ）やカレコ（三井不動産リアルティ）などの駐車場の管理会社が市場のリーダーなのです。カーシェアリングサービスが、自社が保有する駐車スペースの小口化から始まったことがその理由です。

1-7
宅配ビジネスの理想商圏は半径1・2km！価格と人件費の関係をひも解く

特売日に限らず、365日いつでもお酒が安い。しかも種類が豊富で配達無料――。至れり尽せりのサービスの酒店として大人気なのがカクヤスです。その安さの秘密を探ってみましょう。

ビール1本だけなのに無料で配達しても損しないのか？

東京23区を中心に事業を展開している格安酒店のカクヤス。無料配達が人気の要因の1つですが、もともと価格が安いうえに配達代を無料にして利益は出るのでしょうか？

カクヤスが利益をしっかり出せている秘密は人件費にあります。

カクヤスの場合、店の売上に占める「店員」の人件費は、売上の5・5％。

それに対して、お酒を「配達」するためにかかる物流費（ほとんどが人件費）は4％。つまり、売上が100万円あったとしたら、店頭で来店するお客を待っているより、電話で注文を受けて配達したほうが人件費は1・5万円安く済む計算になります。

私は、このタイプのビジネスを「**出撃型**」と呼んでいます。これに対して、従業員が店でお客を待つビジネスを「**待機型**」と呼んでいます。ここでは、出撃型のビジネスが成り立つ理屈に迫りたいと思います。

宅配ビジネスの理想商圏は店から半径1・2㎞

なぜ、配達のほうが人件費の効率が良いのでしょうか？

カクヤスの配達件数は1時間に7件前後。各配達員が担当するエリアをこれだけ効率良く回ることができれば、配達員の待機時間はほとんど発生しません。一方で、店頭で同じ数のお客を応対すると、店員がレジで待っている「待機時間」（「手待ち時間」とも呼ばれます）が発生します。

その待機時間中も従業員に給与は支払われるわけですが、売上はゼロです。つまり、店頭販売では、人件費効率が悪くなるのです。

また、店頭販売ではお客が自分で商品を持ち帰るため、一度に買う量が限られます。一方、注文を受けて配達する場合は、「まとめ買い」が発生します。**同じ客数でも、配達のほうが買上点数（購入点数）も多く、客単価も高くなり、効率的に収益が上がります。**

ただし、高い配達効率を維持するためには重要な条件があります。それが、**「カクヤスモデル」と呼ばれる半径1・2kmの商圏**の設定です。半径を1km以下にすると、効率良く配達できるような十分な注文数を確保できません。店頭と同じように、待機時間が発生しやすくなります。それとは逆に、半径1・5km以上になると、注文数は増えるものの、配達先の間の移動距離が長くなって配達の効率が落ちてしまいます。したがって、その商圏以上に、1店舗がカバーするエリアが広がると、短時間で配達するために大勢の配達員が必要になるので、人件費がかさみ利益を圧迫します。カクヤスが設定した半径1・2kmという商圏は、まさに理想的な商圏のサイズだといえるのです。

カクヤスの急成長の裏には、半径1・2kmごとに出店し、短期間で東京23区内のほぼ全域をカバーしてきたという事実があります。この戦略により、2000~2003年のわずか4年で一気に100店舗の出店を達成し、東京23区内全域での無料配達網が完成しました。

出店コストは無視できませんが、配達中心の業態であるため、駅や繁華街から少し離れた二等地でも良かったことや、廃業した酒屋を居抜きで借りられたことなどが、出店数を拡大していく過程でそのコスト削減に有利に作用しています。

また、飲食店などの業務用市場に着目した点も、成功要因の1つだと考えられます。飲食店は、一般家庭より購入単価（**客単価**）が高いからです。そのため、飲食店向けの食材を扱う卸会社を買収し、利益率の高い食材をお酒と一緒に配達することでも利益を伸ばすことに成功しています。

■カクヤスが地方都市に進出しない理由とは？

消費者にとって残念なのは、東京23区以外では一部の地域しか配達対象エリアになっていないことです。２０１９年5月現在、東京都の23区以外では、武蔵野市、三鷹市、調布市、八王子市、町田市、小金井市、国分寺市、小平市の一部、神奈川県では川崎市と横浜市の一部、埼玉県ではさいたま市の一部、大阪府では大阪市、吹田市、豊中市の一部が配達対象エリアになっています（カクヤスのホームページ参照）。

なぜ、カクヤスは地方都市に進出しないのでしょうか？

それは、地方では、半径1・2㎞の商圏内の客数が少なく、売上が下がってしまうためです。**カクヤスモデルは、あくまでも人口密集地域の大都市圏だからこそ成り立つビジネスモデル**なのです。

もう1つのカクヤスモデルが成功した要因は、物流のネットワークです。同社の倉庫は、大型の物流センター、中継地点となるサテライトセンター、店舗の三層構造となっています。このような三層構造にすると、店舗スペースを最小限に抑えつつ、店舗で欠品が出ても素早く対応できるようになります。カクヤスは、これを**自社物流**で行なっています。限られた狭い地域なら自社物流のほうが有利ですが、店舗網を広域にすると、物流のコストが跳ね上がります。**出店エリアのコンパクトさが自社物流成功の秘訣**なのです。

アマゾンやアスクル、ファッションセンターのしまむらと並び称されるカクヤスの配送モデルですが、今後は、他の業態でも真似をする企業が増えるでしょう。

1-8

激安フレンチ「俺のフレンチ」と回転寿司「スシロー」の共通点

本格フレンチなのに居酒屋並みの値段で食べられる。２０１１年の創業から８年を経過した、俺の株式会社が展開する「**俺のフレンチ・イタリアン**」。その後、上海など海外にも出店、近年はカフェ業態に乗り出すなど、俺の株式会社は成長し続けています。その美味しさと安さの秘密、そして業界の常識を覆した驚きの経営手法に迫ってみましょう。

■高回転率と客単価の関係

ワタリガニのトマトクリームリゾット６８０円、オマール海老まるごとロースト マリニエールソース１９８０円、名物！ 牛フィレ肉とフォアグラのロッシーニ１９８０円

◉俺のフレンチの売上シミュレーション

座席数	40席
1日の回転数	3.5回
客単価	3,000円
1日の売上	420,000円 (3,000円×3.5回×40席)
1カ月間の売上	12,600,000円 (420,000円×30日)

(いずれも2019年5月現在、「俺のフレンチ神楽坂」のホームページ参照)。

高級フレンチを激安で提供することで話題を呼び急成長した「俺のフレンチ」。その安さの秘密は回転率にあります。

ふつうのフレンチ(フランス料理店)は、せいぜいランチ1回転、ディナー1回転。しかし同店は夜の営業だけで3・5回転。**粗利が低くても客数が多いので赤字になりにくい**のです。

一般的なフレンチの客単価は1万5000円前後ですが、同店は3000円。安すぎる気がしますが、上の表に示したシミュレーションでは、1日3・5回転なら1カ月で約1260万円の売上が出る計算になります。

回転率次第では、激安料金でも経営が成り立つということです。

■高回転率を実現した「常識を覆す原価率」「立ち食い」「一品料理主体のメニュー」

では、俺のフレンチは一体、どうやって高回転率を実現しているのでしょうか？

私がまず注目したのは「**原価率**」です。いくら低価格でも、「安かろう、悪かろう」ではお客は利用してくれません。**俺のフレンチの魅力は、50～60％という高い原価率にあります。一般的な外食産業における食材の原価率は30％前後**です。原価900円の肉であれば、一般的な高級店は3000円前後で提供します。しかし、俺のフレンチでは、一流店と同じ品質の肉を1500円程度で提供しています。だから、お客が殺到したのです。

「**立ち食い形式**」であることも高回転率を実現できる要因の1つです。一般的なフレンチ店のテーブルは概ね4人掛け。お客が2人でも相席はしないので、ムダな席が発生します。一方、俺のフレンチの場合、立ち食いのため席数には縛られず、1つのテーブルを3～4人が囲むことになるため効率がいいのです。

立ち食い業態では、お客は長い時間は疲れて立ち続けられないため、自然に滞在時間も短くなります。この方式をコピーしたのが、ペッパーフードサービスが運営している「いきなりステーキ」です。また、同チェーンは、立ち食いのステーキをグラム単位で価格設定（100グラム□□円）する「**ユニット・プライシング方式**」によって、俺のフレンチをしのぐ急成長を遂げています。

ちなみに、「座り心地の悪さ」で回転率を高めるという発想は、コーヒー店のドトールに由来しています。ドトールの店内の座席は、硬くて座り心地が良くない設計になっています。なお、マクドナルドも同様な椅子のデザインになっています。

さらに、俺のフレンチの回転率の高さの要因はメニューにもあります。一般的な高級フレンチのメニューはコースが基本です。順番に料理が出てくるので、デザートを食べ終わるまで3時間ほどかかります。そのため、基本的に高級フレンチは、1日1・2回転ともいわれています。一方、**俺のフレンチでは、一品料理（アラカルト）主体の居酒屋スタイルとなっているので、1時間くらいでサッと帰る客が多い**のです。

ただし、2015年ごろから、俺のフレンチ・イタリアンでも、ほとんどの店舗で「着席スタイル」に転換しています。立ち席を敬遠するお客にも来店してもらえるようにした結果です。着席でも高い回転率を実現するため、「2時間制」を導入しています。飲み放題の居酒屋で見られる「**時間貸しのシステム**」となっているのです。

お客を飽きさせない独自の経営戦略とは?

ここまでで説明してきたように、俺のフレンチ・イタリアンが低価格でも店が運営できているのは、高原価率・高回転率で客数が多いからです。じつは、あきんどスシローが展開する回転寿司の「**スシロー**」も同じ戦略を採用しています。品質の良いネタを高原価率・低価格(一貫100円、原価率50%以上)で提供しています。粗利は薄くなりますが、回転率を高めることで高収益を確保できています。その他、プレミアムの牛丼店やファストフード店でも、最近は同じ戦略を採用している企業が現れています。

ただし、これらのチェーン店と俺のフレンチ・イタリアンでは決定的に異なる点があります。それは、「**個店経営**」であることです。通常の飲食チェーン店のほとんどは、全店で材料を一括して仕入れます。食材は工場で途中まで加工して、各店舗に配送します。これは、前の1-4(69ページ)でも述べたように、「セントラルキッチン方式」(CK方式)

と呼ばれています。

それに対して、**俺のフレンチ・イタリアンは、仕入れやメニューをシェフに一任しています**。そのため、店ごとにメニューが異なったり、同じ店でもその日に仕入れた材料によってメニューが変わったりします。お客としては、週に1回通っても**飽きがこないような機動的なメニュー**になっています。これも成功要因の1つといえるでしょう。

しかし、個店経営にも弱点はあります。チェーン店は運営がシステム化されているので、キャリアが浅い人でも店長を務めることができます。しかし、個店経営は腕の良いプロでないと店長は務まりません。

2019年5月現在、「俺のフレンチ」は8店舗、同系列の「俺のイタリアン」は7店舗、「俺のフレンチ／イタリアン」は2店舗、「俺のスパニッシュ」は1店舗、「俺のビストロ」は1店舗となっています。そのほかにも、「俺のBakery」「俺のGrill」「俺の割烹」「俺のやきとり」「俺の焼肉」「おでん　俺のだし」「そば　俺のだし」「俺のうなぎ」などの姉妹店も展開中です。

さらなる出店攻勢をかけるには、人材の確保がカギになりそうです。

1-9 トレンド重視で「売り切れ御免」のH&M、定番重視で「品切れNG」のユニクロ

1アイテムを2週間ほどで完売させ、在庫を持たない。売り切れても再生産はせず、次々と新商品を投入する。こうした独自の戦略で、世界的に売上を伸ばし、2008年の日本進出以来、若い女性の心をつかんだアパレルブランドの**H&M**。なぜそんな戦略が可能なのか、実態を探ってみましょう。

日本で急成長しているアパレルブランド

日本を代表するアパレルブランドの**ユニクロ**。経営母体である**ファーストリテイリング**の売上高は約2・13兆円（2018年8月期）にまで成長しました。しかし、世界にはもっと上を行くブランドが2つあります。

本節の冒頭で触れたスウェーデン発のH&Mと、経営母体が**インディテックス社**でスペインを基盤に展開している**ZARA**です。前者のH&Mの売上高は約2・60兆円（2018年11月期）で、後者のZARA（インディテックス社）の売上高は約3・42兆円（2019年1月期）で、どちらもユニクロを大きく上回っています。

多くのブランドがしのぎを削るなか、**H&MやZARAが大きく成長を果たすことができた理由は、生産コストを抑え、高い利益率を実現しているから**です。H&MもZARAも、ユニクロと同様に、製造から小売までを一貫して手がける「**SPA**」（Speciality store retailer of Private label Apparel）という業態となっています。

しかし、前者のH&Mは、自社で工場は持たず、アジアを中心とした世界中の協力工場で商品をつくっています。**商品ごとに入札を行なって、その都度、最も安い工場を選定するため、低コストで商品をつくれる**のです。なお、H&Mはトレンドにものすごく敏感な客層ではなく、そこに憧れ追いかけている客層をターゲットにしているため、多少トレンドから遅れても問題にならないともいえます。

一方、後者のZARAは、ほかのSPAよりファッションに関心の高い層にターゲットを絞り、値引きをしなくても売り切ることができる商品を徹底して開発し、かつ生産拠点をインディテックス本社があるスペインに集中させ、時間や在庫のロスを避けることで生産コストを抑え、高い利益率を実現しています。

以下では、H&Mに絞って、掘り下げていきます。

なぜH&Mは売り切れても追加で入荷しないのか？

入札でコストを削減できるなら競合他社もすぐに真似しそうですが、どのブランドでも入札方式が良いというわけではありません。H&Mのようにファッション性を重視するブランドは、小ロットずつ商品を生産するのが基本です。**商品の寿命も短いので、商品ごとに入札する方式がマッチする**のです。

一方、ユニクロのように定番商品を大量につくるブランドは、リードタイム（工程に着手してから完成までの時間）が長く、工場のラインをある程度、長期間確保しなくてはいけません。そうなると、商品ごとに入札させ、その結果に合わせて工場を変えるというやり方は難しいのです。契約をベースに、計画的に材料を調達することでコストダウンを図るというやり方になります。

こうしたユニクロのように、半年から1年前に商品開発や製造の準備をするブランドは、「**投機型**」のビジネスモデルと呼ばれます。一方、H&Mなど短いリードタイム（3カ月～半年）で商品開発や製造をするブランドは、流行を見極めてから商品開発および製造をスタートさせるので「**延期型**」のビジネスモデルと呼ばれます。

投機型のビジネスモデルは、在庫がダブつくと値引きしたり、追加発注量を減らしたりすることで調整します。実際に、ユニクロが週末にチラシを配布したり、web経由で割引クーポンを配布したりしているのは、需要を刺激するという意味もありますが、計画生産で過剰になった商品の在庫処分という意味合いもあるのです。

これに対して、**延期型のビジネスモデルでは、小ロットしか生産せず、「売り切れ御免」のスタンスで販売します。**そもそも最小の在庫しか持たないので、売れ残りのロスが少ないのです。いずれが有利だと一概にはいえませんが、H&Mが延期型のビジネスモデルを採用する代表的なブランドといえます。

ちなみに、日本では、延期型のビジネスモデルの採用企業としては、しまむら、ハニーズが挙げられますが、ファーストリテイリングの第2ブランド「GU」も、H&Mに対抗して生まれた延期型モデルといえます。延期型の生産方式を採用しているブランドでは、消費者から見ると、商品の購入をためらっていると売り切れてしまう傾向があります。

日本で売上を伸ばすための今後の課題とは?

世界では躍進を続けるH＆Mですが、日本でもトップブランドになれるかどうかは未知数です。日本の出店1号店は銀座店でしたが、2018年7月に同店を閉店しました。高い家賃負担が閉店の理由であったとも指摘されています。

洋服以外にも、アクセサリーや帽子、靴などフルラインナップでアイテムをそろえているのもH＆Mの人気を支える要因の1つです。しかし、欧米や中国の店舗のように、フルラインナップだと店舗面積が大きくなり、出店コストもかかります。都市部の店は商圏が広いので回収できるかもしれませんが、地方に出店していく際には、そこをどうクリアしていくのかが課題となるでしょう。

◉衣料品店の顧客満足度（CS）の推移

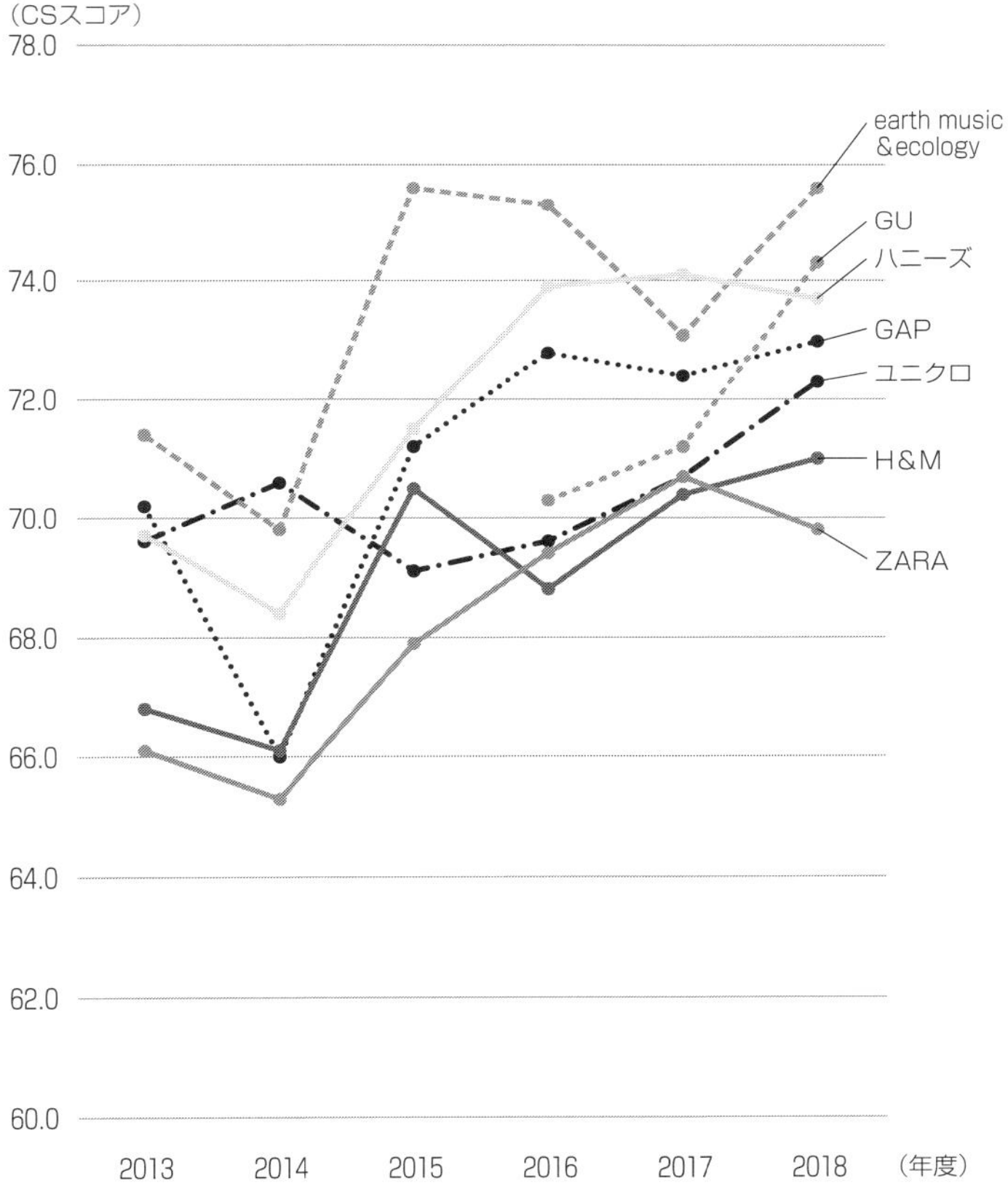

出所：サービス産業生産性協議会「2018年度 JCSI 第４回調査 詳細資料」をもとに作成

また、他のファストファッションブランドに比べて、価格が比較的高めに設定されている点も気になるところです。

日本におけるH&Mのブランド力はそれなりに確立されているので、価格を高めに設定しているのでしょうが、入札方式で安くつくれる工場ばかりを選んでいると、品質管理でつまずくおそれがあります。

もう1つ懸念される点は、日本の消費者は品質に厳しいことです。実際に、2018年度のJCSI（日本版顧客満足度調査）において、H&MはアパレルSPA11ブランド中、8位（ちなみに、ZARAは11位）でした。

日本の市場シェアを拡大していくためには、**価格と品質のバランス**が課題になってくるはずです。今後の展開には私も引き続き、注目していきたいと思います。

Chapter 1のまとめ

値づけの思考整理ノート①

- ✓ 商品やサービス単体だけでなく、お客の「ついで買い」を促せば、二重に儲けることができる。
- ✓ 値づけの理論としては、コストに一定の利益を上乗せして価格を決める「原価積み上げ方式」と、お客にとって「値ごろ感」のある価格を先に決める「原価逆決め方式」がある。
- ✓ ユニクロなどの「ワンプライス店」では、「原価逆決め方式」を採用し、利益が出るように原価を逆算し、その範囲で商品がつくれるように創意工夫をしている。
- ✓ コンビニなどで値引き販売をすると、POSデータが狂い、そのデータに基づく需要予測の精度の低下により、値引き販売頼りの過剰発注が横行し、利益率が下がるおそれがある。
- ✓ 時間貸しのコインパーキングのような、サービスを細かく分割して販売する「小口化」ビジネスでは、回転率、立地、お客の損得勘定などを考慮して、細かく時間を分割した料金設定を行なえば儲かる。
- ✓ 店頭販売よりも配達販売のほうが、買上点数も多く、客単価が高くなる。ただし、配達効率を高くするための理想商圏を半径1.2kmに設定する必要がある。
- ✓ 高原価率&低価格の値づけにして、高回転率で客数を上げることにより、儲けている飲食チェーンもある。
- ✓ 流行性の高い寿命の短い商品は、流行を見極めて小ロットで開発・製造し、売り切れても追加しないようにすれば、売れ残りのロスが少なくなり、利益率が高くなる。

Chapter 2

スケール重視の低価格戦略

~利幅よりも数量を狙う値づけの思考法

2-1 格安ラーメン「幸楽苑」の薄利多売戦略

「この味で440円（※）!?」。お客の舌も財布も満足するのが、格安ラーメンで有名な**幸楽苑**。格安ラーメンと聞くと、日高屋（次節を参照）を連想する方も多いかもしれませんが、日高屋よりも先行して、幸楽苑は創業を迎えています（幸楽苑の前身の味よし食堂は1954年創業、日高屋の前身の来来軒は1973年創業）。

「チャーシューが薄くて、メンマが1本少ないいんだろ？」と邪推《じゃすい》した人もいるかもしれませんが、幸楽苑の安さにフォーカスすると、競争が激しいラーメン市場で生き残るための安くても儲かるしくみが見えてきます。その儲かるしくみをひも解いていきましょう。

■幸楽苑は格安ラーメンをどのように実現させたのか？

※2015年5月まで幸楽苑の中華そばは、290円という破格の価格設定でした。

ランチ代を節約したいビジネスマンにとって、中華そば440円は強い味方。
でも、この価格で本当に儲けは出るものなのでしょうか？

幸楽苑は、麺やチャーシューなどを自社工場で生産するＳＰＡ（製造小売業）。店舗ごとに食材を仕入れる他のラーメン屋とは違い、福島県郡山市などにある自社工場で製造して店舗に一括納品するため、製造コストを大幅に削減できます。さらに、仕込みも工場で行なうので、店舗はパート従業員だけでも運営できるようになっています。

したがって、通常のラーメンチェーン店以上に、人件費も安く抑えられます。このＳＰＡを採り入れて成功している例としては、大型家具からインテリア用品を扱うホームファニッシングストアのニトリや、1-9（98ページ）でも取り上げた衣料品のユニクロが有名です。それと同じ方法を採用して、低コストで安さを実現したのが幸楽苑なのです。

■行列ができる店とできない店、儲かるのはどっちか？

しかし、いくらコストが安くなっても、「440円という安い価格では利益も少ないのでは？」と思ってしまいますよね。

幸楽苑の売りの1つは、メニューの多さなのです。しかも一品一品が安いので、お客は餃子極（240円）や絶品半チャーハン（340円）、チャーシュー丼（320円）、ちょっとおつまみ（チャーシュー、味付玉子、メンマ：330円）、鶏唐揚げ（4個：260円）などのサイドメニューを気軽に追加できます。

一品一品が安くても、品数をたくさん注文してもらえば、それだけ利益も積み上がります。**幸楽苑は薄利多売の戦略で儲けを出している**のです。

じつは、メニューの多さには、薄利多売という戦略においてもう1つ大切な役割があります。メニューがバラエティに富んでいると、店に毎日行ってもお客は違う料理を食べられます。つまり、**メニューの豊富さは、お客を飽きさせず、来店頻度を増やすための工夫でもある**のです。

ただし、来店頻度を増やすときに注意すべきなのが行列です。行列で待ち時間が生じると、お客は離れていきます。ですから、**薄利多売のビジネスモデルで経営している飲食チェーンにとって、行列は痛手になります。**幸楽苑は店舗が比較的広く、座席数も多いのですが、これもお客を逃がさない工夫です。しかし、ここで疑問が生じます。個人経営のラーメン屋の中には、いつも行列ができているところがあります。そうした店ではむしろ行列を歓迎しているような気配もありますが、なぜでしょうか？

個人経営の店はチェーン店とは逆に、品数を絞って、一品当たりの価格をやや高めに設定しています。これは、客数よりも客単価で利益を上げる戦略をとっているからです。**個人経営では対応できる客数に限度があるため、売上を伸ばすには一品の価格を高めに設定せざるを得ない**という事情があります。

ただし、高くてもお客に満足してもらうには、独自の味で他店と差別化を図るなど、**高付加価値**（プレミアム）をつける必要があります。その意味で、**行列は「この店でしか食べられない味」という格好の宣伝になる**のです。ですから、個人経営の店にとっては、適度な行列ができたほうがブランド価値を高めることができるというわけです。

独自の味を求めて行列ができる店にするか、すぐに入れる店にするか。**個人経営店とチェーン店ではとるべき価格戦略は変わる**のです。

2-2 低価格を回転の経済で実現する日高屋の「逆張りの経営」

お客が手ごろな価格と感じる「**値ごろ感**」のあることで定評のあるラーメンチェーンの日高屋。売上高利益率が12%を超える高収益の秘密は、「**逆張りの経営**」にあります。

あえて賃料が高い駅前の一等地に出店し、しかも、出店場所も駅ビルの1階を狙います。一方で、年間25店舗程度に新規出店数を抑え、関東圏から一歩も外に出ようとしません。

その独特な経営哲学と成長戦略を紹介します。

■出店地は関東圏に絞って緩やかに成長する

無理なスピード経営でサービスの品質を低下させ、顧客からの信頼を失う企業が増えています。その一方で、**健全に運営されているサービス組織は、緩やかな成長と慎重な出店**

戦略を組み合わせることで実現されています。

そのような企業の1つであるハイデイ日高（日高屋を運営）は、高収益体質を維持しながら、従業員に働き甲斐のある職場を提供しています。

神田正会長が日高屋を創業したのは1973年のことでした。上場後に一度だけ減益を経験していますが、ライバルの外食企業が急成長をするなかで、日高屋は一貫して緩やかな成長を志向してきました。出店エリアも関東圏に限定しています。新規出店は年25店舗程度（2019年5月現在、全430店舗）に留めています。

なぜなら、店舗数を急拡大すると、各店舗の運営を任せる店長の育成が追いつかなくなるからです。また、出店を急ぎすぎると、無理な立地の選択で「外れ物件」をつかむ確率も高くなります。外食産業では、閉店コストが意外に大きいのです。

「出店候補地はマクドナルド撤退後の居抜き物件を優先しています」という話を神田会長から伺ったことがあります。「マクドナルドがあった場所なら、市場調査が済んでいるから」というわけです。

さらに、日高屋が拡大路線を自粛している別の理由は、短期的に儲かりすぎることが経営に「マイナスの影響」を与えるからだとも神田会長は言及しています。

日高屋は、短期間で得た利益の増加分は、従業員の賞与として配分しています。これには副次的な効果があります。**人材育成や待遇面の改善に資金を投じることで、長期的にはサービスの生産性や品質が上昇していくことが期待できる**のです。

▒あえて賃料の高い場所に出店する「独自の出店基準」

出店地の選択に関しても、日高屋は逆張りの経営を志向しています。

大手外食チェーン（特に居酒屋チェーン店）では、出店コストと賃料を低く抑えるために、やや奥まった場所やビルの上層階に店を出す傾向があります。しかし、**日高屋はあえて賃料が高い駅前の一等地に出店しています。しかも通行客が多い一階のフロアを狙う**のです。その逆張りの論理は、次のようなものです。

日高屋は、繁忙する時間帯の回数が多い、いわば「**多毛作経営**」（各店舗の回転数が1日13〜15回転）を行なっています。そのために、神田会長自らが街角に立って市場調査をするときは、朝、昼、午後3時、夕方、夜9時、深夜の時間帯別に客層の違いを見るといいます。そうした市場調査を踏まえ、駅前の一等地であれば、学生向けのランチタイム、サラリーマンのチョイ飲み需要、深夜タクシー運転手の空腹を満たすラーメン需要にそれぞれ対応して異なるメニューを構成することで、多様な客層を取り込めています。

近年、「ちょい飲み需要」の開拓で有名になりましたが、日高屋はコンビニと同じように、24時間営業です。店舗の客席を1日13回転させることで、高い賃料や人件費も容易にカバーできてしまうのです。

出店は「ドミナント戦略」で絨毯爆撃《じゅうたんばくげき》

日高屋は、前身の中華料理店「来来軒」をＪＲ大宮駅東口の近くに開店し創業しています。その後は、ＪＲ京浜東北線沿いに1店舗ずつ店を増やしていきました。

通常の飲食チェーンの**ドミナント戦略**では、沿線を制覇した時点でエリア展開は終わるものです。ところが、日高屋の逆張り方式にはその先があります。

日高屋は、すでに東口に店を構えている駅の西口にも出店を始めたのです。乗降客数が多い駅では、北口や南口にも出店させています。新宿のようなターミナル駅には6店も出店しています。つまり、**線から面に店舗を展開する方式**を編み出したのです。

これほどの稠密《ちゅうみつ》なドミナント出店が成立するのは、次の特徴があるからです。

- **日高屋のメニュー構成が時間帯別に編成されている**
- **来店客の生活動線上に店があるため、近い店舗同士でもお客を奪い合うことがない**

日高屋は稠密に多くの店を出していても、共食いすることはないのです。

値づけ思考を強化する

豆知識

ドミナント戦略の優位性

ドミナント戦略とは、小売業やサービス業で、一定地域に多くの店舗を出す戦略のことです。店舗ブランドの認知度が高まると、店舗数のシェア以上に**顧客ロイヤリティ**（顧客が持つ企業や商品に対する信頼、愛着、親近感）が高まり、エリア内での売上シェアがアップします。

また、**出店密度が高まると、ロジスティクスや店舗管理面でも有利**になります。

このドミナント戦略は、1-1（44～51ページ）でも紹介したセブン-イレブンが採用してきたことで有名です。セブン-イレブンの沖縄出店は、2019年5月現在、まだ実現していません（2019年7月に沖縄1号店を出店）。なお、2014年時点では、青森県、鳥取県、高知県にも店舗はありませんでした。

セブン-イレブンが全国展開を急がなかったのは、ドミナント戦略の優位性をよく知り抜いていたからです。早期に全国に店舗網を広げていった、ローソンやファミリーマートとは対照的でした。

一見すると、本書のテーマである「値づけ」（価格戦略）とドミナント戦略は関係のない話だと感じる読者もいるかもしれませんが、特に低価格戦略を志向して市場シェアの拡大を狙っていく場合には、ドミナント戦略の採用は検討に値します。

2-3 なぜ「スーパーホテル」は宿泊料金が安いのに顧客満足度が高いのか？

ビジネスホテルというと、かつては「安かろう、悪かろう」の印象が強かったものですが、近年では少し事情が変わってきています。

都内でも４０００円くらいで泊まれて、１泊数万円のシティホテルよりも**顧客満足度**（**ＣＳ**）が高く、出張族に人気のビジネスホテルがあるのです。その名も**スーパーホテル**。国内に１３３店舗、海外に3店舗（２０１９年5月現在）を展開しています。

東京23区にあるスーパーホテルの料金は朝食付きで1泊３９８０円～となっています。宿泊客にはリピーターが多いようです。「また利用したい」と思わせる理由は一体、どこにあるのでしょうか？

■フロントがたった1人でも受付業務には支障ゼロ

そもそもスーパーホテルは、どうやって低料金を実現しているのでしょうか？

ホテルの宿泊料金は土地代と人件費で決まります。ビジネスホテルは駅から近い便利さが魅力ですが、スーパーホテルのほとんどは駅から少し離れたところにあります。駅から3～4分離れただけでも、土地代はかなり安くなるのです。

もう1つの工夫は、フロント係を介さずにチェックインできるように、自動チェックイン機を設置していることです。お金を投入すると、キーではなく部屋の暗証番号が記された紙が出てきて、暗証番号でドアを開閉するしくみになっています。

余計な設備を省いているところも、低価格の料金が実現できる理由の1つです。たとえば、部屋には電話機が設置されていません。宿泊客が電話をかけたい場合は、各階のエレベータ脇にある電話機からフロントに電話をすることができます。ターゲット顧客であるビジネスマンのほとんどは、スマホか携帯電話を持っています。部屋に電話機が設置されていなくとも不便を感じないでしょう。

そうした工夫があるので、電話の取次や精算業務に余分な人員を割く必要がありません。そのため、ほかのビジネスホテルでは２人必要なフロント係も、１人いれば十分なのです。フロント係１人の給料を月30万円だとすると、１００店舗で年間３億６０００万円（30万円×１００店×12カ月）ものコストが削減できます。

低価格という形で、スーパーホテルはコストを削減した分をお客に還元しているわけです。

■業務の簡素化によるコスト削減効果

また、私が着目しているのは、余計な設備にお金を使わないようにしているだけでなく、清掃作業やベッドメイキングなどの作業が効率良くできるように、ほかの設備にも工夫を凝らしていることです。

たとえば、ふつうのビジネスホテルは、バスタブの形が矩形（四角）になっているはずです。これは、バストイレ一体型の浴室の場合、レイアウト設置上で収まりが良いからです。ところが、スーパーホテルでは、すべての建物ではありませんが、基本的には内側が丸いバスタブを採用しています。それは、なぜでしょうか?

バスタブの形は四角より丸いほうが、清掃をするときの作業効率が良いからです。四角の場合、コーナー部分の汚れを取るのに手間がかかりますが、丸い場合、素早く短い時間で、かつきれいに掃除が完了します。作業効率向上と顧客満足につながる効果が、同時に達成できている仕掛けだといえます。

■顧客満足度を高めるためのキーワード「LOHAS」

単に宿泊料金を安くしただけで、シティホテルを上回る評価が得られるわけではありません。ホテルを使い慣れたビジネスマンなどの利用者はそれほど単純ではありません。

じつは、スーパーホテルは、コスト削減と顧客満足度アップを両立させるために、健康と地球環境に対する意識の高い生活スタイル「LOHAS」(Lifestyles Of Health And Sustainability)をコンセプトの1つにしているのです。

このLOHASと関連させて、スーパーホテルのバスタブの話に戻りましょう。浴室には、お湯の入れすぎに注意するための節水ラインが引いてあります。シャワーヘッドも節水仕様で水圧が低めに設定され、ひげそりや歯ブラシなどのアメニティも最小限しか置いていません。必要なアメニティは、チェックインの際にフロントでピックアップします。資源のムダづかいをなくすことはコストダウンに直結します。そのように表現せずに、これらを「ＬＯＨＡＳ」と銘打《めいう》てば、宿泊客は自分が地球環境に貢献している気分にもなれます。そして、コストダウンした分は、宿泊客が好みの枕を選べるサービスや、食材にこだわった朝食などの費用に充当しています。

有機ＪＡＳ認定の野菜、オリジナルのドレッシング、また店舗によっては手づくりパン屋のような焼きたてパンを朝から提供するなど、格安ホテルとは思えない食事へのこだわりを貫いています。これらの工夫の１つ１つが顧客満足度の向上につながっているのです。

セルフの自動チェックイン機で待ち行列を回避

チープさを感じさせないイメージ戦略は、自動チェックイン機にも当てはまります。その昔、銀行でＡＴＭが導入されたのは、銀行のテラー（窓口担当者）の人件費を削減することが主たる目的でした。

スーパーホテルの自動チェックイン機も同様の狙いで導入されたものです。つまり、本来は、フロントの受付業務の負担を軽くしてコストを削減するためだったのです。ところが、これには副産物がありました。宿泊客に「チェックアウト時に精算なしで、すぐ帰れる」とアピールしたところ、「朝のチェックアウト時のフロントでの待ち行列を回避できる」「午前中のスケジュールをスムーズにスタートできる」というメリットとして宿泊客に受け止められたのです。

コスト削減による低料金を前面に押し出すと、サービスにチープな印象を与えます。しかし、宿泊客への伝え方を変えて、「待ち行列なしにスムーズにチェックイン・チェックアウトができます！」とアピールすれば、ホテルのイメージアップにつながり、顧客満足度も高まるというものです。

ストレートに安さだけを強調しない。このように、**お客の心をくすぐる巧みな表現力**も、スーパーホテルの高い顧客満足度の評価に結びついている要因の1つです。

あなたの会社も、見習ってはいかがでしょうか？

2-4

「おかしのまちおか」の侮れない段ボール陳列の実力

多くの小売店が苦戦しているなかで、株式会社みのやが展開するお菓子の専門店「**おかしのまちおか**」が快進撃を続けています。首都圏を中心に176店舗を展開しています（2019年6月現在）。おかしのまちおかで売られている有名メーカーのお菓子は、次ページの表に示したように、スーパーやコンビニより安いのです。

どうやって、その安さを実現しているのでしょうか？

■スーパーやコンビニとはひと味違う「商品陳列」

首都圏を中心に、駅ビルや郊外のショッピングモールなどで、よく見かけるお菓子の専門店が「おかしのまちおか」（以下、まちおか）です。

◉お菓子やジュースの価格の比較

商　品	まちおか	イオン	セブン-イレブン
ポテトチップス うすしお味 （カルビー）	88円	111円	141円
ポッキーチョコレート （グリコ）	129円	148円	150円
コカ・コーラ　ピーチ （日本コカ・コーラ）	55円	88円	140円

※上記価格は税別
出所：筆者チームが2019年５月に実施した調査結果をもとに作成

メーカー希望小売価格の最大９割引という驚きの安さが、まちおかの人気の秘密です。

まちおかでは、仕入れた商品を段ボールに入れたまま陳列しています。これで什器が不要になります。コストコやディスカウントストアでも用いられている「ＦＲＤ」という陳列手法（次節２-５の１３３ページ参照）で、什器にかかる費用はほぼゼロ。そのため、出店費用が大幅に抑えられているはずです。

一般には、段ボールでの陳列はチープ感が漂うため、高単価の商品には向きません。それでも、お菓子のような低単価の商品ならば、その安っぽさがマイナス要因にはなりにくいのです。ドイツのハードディスカウントストアのアルディ、リドルなどや、日本でもディスカウントストアでよく見かけます。それは安さを売りにする業態だから可能なのです。

■チープに見える段ボール陳列の実力とは?

段ボールで出店コストを下げたくらいで、そこまで商品の価格を安くできるのかと疑問に思う人もいるでしょう。**段ボール陳列でレイアウトを自由に変更できるということは、様々な仕入れに臨機応変に対応できるということなのです。**

たとえば、メーカーが不良在庫を抱えていると聞けば、低価格で仕入れてすぐ店頭に並べることも可能です。一方、コンビニやスーパーは棚割を数カ月前から計画的に決めているため、何らかの事情で安く仕入れられる商品があっても、柔軟に対応しづらいのです。

ちなみに、段ボール陳列なら、ほかの店で売れている人気商品をすぐに仕入れて売ることもできます。この身軽さが段ボール陳列の強みなのです。

■「バラエティ・シーキング」に対応するフレッシュな店頭

お菓子は、身体を丈夫にしたり健康を維持するために食べるものというより、心を潤すために食べる嗜好品《しこうひん》です。

したがって、お菓子は、食べるときの楽しさはもちろん、店頭で選ぶときのワクワク感も大切なのです。

いつも特定のブランドを買うのではなく、ブランドを毎回スイッチする消費行動のことを「**バラエティ・シーキング**」（多様性追求行動）といいます。たとえば、日常的に使うと飽きやすいドリンクやドレッシングは、バラエティ・シーキングで選ばれる代表的な商品カテゴリーです。

形状や原料、色彩やパッケージを変幻自在に変えられるお菓子類も、バラエティ・シーキングで選ばれる商品です。こうした商品は、品ぞろえが豊富で、なおかつ店の雰囲気がフレッシュな印象をお客に与えるほうが売れやすくなるのです。

臨機応変な仕入れと店頭レイアウトで、いつもフレッシュな印象のある店づくりをするのは、お菓子という商品の特性にも合致しているといえるでしょう。

まちおかは、お菓子の専門店だけあって、多い店では2000種くらいの品ぞろえとなっています。さらに、段ボール陳列ですので、商品の入れ替えも簡単にできて、店頭をフレッシュにし続けられます。まさに、まちおかは、お菓子を売るのに最適な戦略をとっているのです。

■卸と小売の機能をくっつけてマージンや物流コストを削減

まちおかは、創業時の業態は問屋でした。その後、卸から小売に進出し、専門用語では「ベンダー・リテイラー」（卸小売業）と呼ばれる、卸と小売を合体させた業態になっています。

お菓子などの加工食品の流通は、メーカー「製造」→ベンダー「卸」→リテイラー「小売」という流れが一般的です。それぞれの段階で、マージンや物流コストが上乗せされるため、もともと安い商品も店頭ではそれなりの価格になります。

そこで台頭してきたのが、ベンダー・リテイラーのように複数の機能を備えた業態です。この業態では、流通経路の中間段階を省けるので、価格面ではぐっと有利になります。たとえば、ユニクロやニトリは、製造と小売を合体させた「**メーカー・リテイラー**」です。「1-7」（87～91ページ）で紹介したお酒のカクヤスは、まちおかと同様にベンダー・リテイラーです。どちらも安さが魅力の企業です。こうした**業態は不況に強い**といえます。

2-5

会員制スーパー「コストコ」が支持される理由

お菓子からパソコンまで、幅広く商品を扱う会員制スーパーの**コストコ**。「安い」「楽しい」「美味しい」と支持を得ています。女性誌などでもたびたび取り上げられ、「コストコに行ったらこれを買うべき」という特集が組まれたりもしています。

じつは、**コストコは数少ない外資小売業の成功事例**なのです。1999年4月の日本初上陸（1号店は福岡県糟屋郡久山町の久山倉庫店）から約20年、世界で一番品質に厳しいといわれる日本の消費者から、どのようにして支持を獲得したのでしょうか?

■日本でも定着した「年会費を払う会員制スーパー」

日本進出以来、着実に店舗を増やしているコストコの最大の特徴は「**会員制スーパー**」

であるという点です。

コストコで買い物をするためには、個人年会費４４００円（税別）、法人会員費３８５０円（税別）を支払う必要があります。日本ではあまり馴染みがないこのシステムですが、上陸当初は、カルフールやセフォラ（フランス）、テスコやブーツ（イギリス）のように、「うまくいかずにすぐ撤退するのではないか」という見方が大勢を占めていました。

しかし、２０１９年５月現在、26店舗に達したのを見てわかるように、年間で１～２店舗のペースで新規出店を続け、コストコはすっかり日本に定着した感があります。

コストコのもう１つの特徴は、商品が業務用で使われるようなビッグサイズであることです。この点も日本での展開の不安材料でしたが、定期的に買い物をする業務用ユーザーの心をしっかりつかみ、安定的な売上が確保できています。

しかし、コストコを支えているのは業務用ユーザーだけではありません。私が注目したいのは個人客の存在です。一世帯で消費し切れないほどの大容量商品であることを逆手にとり、ママ友同士、母親の世帯と娘の世帯など、客同士が集まってシェアするというスタイルで利用されているのです。

おそらく、このような利用のされ方は、日本特有の現象だと思われます。コストコが日本に上陸する以前から、日本では生協（日本生活共同組合連合会）での共同購入が盛んでした。それが主婦たちのネットワーク形成にも一役買っていたわけですが、その購買習慣がコストコのビジネスに有利に働いたと考えられます。そして、いまや生協も個別宅配を行なっています。生協が提供してきた「**複数世帯での共同購入**」というスタイルが、コストコの収益を押し上げた面があるといえるでしょう。

食品や日用品などの日常的な買い物なのですが、家族や友人とわざわざコストコまで出かけていき、あれこれおしゃべりしながら商品を選ぶというところに、近所のスーパーに行くときとは違う「ちょっとしたイベント感」が生まれるのです。

そうしたコストコに連れ立って出かけるお客の楽しみの1つが、フードコートで提供されるファストフードの安さと試食の楽しみです。アメリカならではともいえる、自分の好みの具材を好きなだけ挟んでつくる「クォーターパウンド　ホットドッグ（セルフサービスのホットドッグ）」がドリンク飲み放題付きで180円（2019年5月現在）です。

また、家族総出で試食コーナーを順番に回れば、軽く1食分が浮く勘定になります。そういえば、外資系家具チェーンのイケアにも似たようなフードコートがありますね。

■コストコの商品は圧倒的に安いわけではない

一般的に、大型スーパーは取り扱う商品の種類が豊富で、10万種に及ぶ場合もあります。日本進出からわずか4年で撤退を余儀なくされたカルフールも、品ぞろえは豊富でした。ところが、日本国内での商品調達がうまくいかず、馴染みのない海外商品や、国内では名前を聞いたこともないブランドなどが数多く並んでいました。日本人の購買意欲をそそるような品ぞろえにはなっていませんでした。

一方、コストコが取り扱う商品は4000種強です。総合スーパーの品ぞろえは3万点といわれていますから、**コストコは商品をかなり絞り込んでいる**ことがわかります。しかも、国内のディスカウンターのように、あまり知られていない二流のブランドを安く売るのではなく、「この商品なら、このブランド」というように、**誰もが知っている売れ筋に絞った品ぞろえ**をしています。

価格を調べてみるとわかりますが、**コストコの価格は食品スーパーに比べて圧倒的に安いわけではない**のです。生鮮食品であれば安価な海外産の商品だけでなく、美味しくて品質が安定している国内産の精肉や鮮魚を豊富にそろえています。それが、お客のコストコに対する信頼感につながったのではないでしょうか。

商品の陳列にコストをかけない倉庫型店舗

他方で、**商品の種類が少ないわけですから、オペレーションコストも下がります。**
また、そもそもコストコは倉庫型店舗なので、品出しの必要がありません。従業員がフォークリフトを使って、商品をボックスのまま床に置いて陳列していきます。これは、アメリカのディスカウント小売業が考え出したコスト削減法で、「ＦＲＤ（Floor-Ready-Display：フロア・レディー・ディスプレイ）」と呼ばれています。コストコもこの方式を採用しているので、オペレーションコストを最小限にして、店舗運営経費を抑えています。この点もコストコの成功要因だと考えられます。

ところで、コストコ１店舗の売上規模は年間１８０億円程度です。１日の売上に換算すると、日販は３０００万円~５０００万円。これだけの売上になるのは商圏が広くて、遠くからでもお客が自動車に乗って買い物に来てくれるからです。お客にとっては、年会費やガソリン代を差し引いてもなお、絶対にお得感のある店なのです。

ただし、最近になって、コストコの成長に陰りが見られます。2017年からは、対前年比で各店舗の売上が減少を始めています。2018年は新規の出店もありませんでした。

しかし、不振の理由のほとんどはコストコ本体の経営の問題ではなく、マクロ的な環境変化によるものです。それらの要因を列挙すると、①ターゲット顧客である郊外の人口が減少に転じたこと、②買い物の主体である女性たちの社会進出、③少子高齢化にともない家族の人数が減少したことなどが挙げられます。

値づけ思考を強化する

豆知識

外資系サービス業の日本撤退の歴史

外国資本（外資）の小売業とサービス業は、日本ではほとんど成功していません。その例外が、イケアとコストコとスターバックスです。とりわけ欧州系の小売業は、イケアを除いてほぼ壊滅的な状態です。

136〜137ページに掲載した表は、外資の規制緩和がなされた1970年から現在に至るまで、日本に進出した外資の流通サービス業の上陸年と撤退年をグラフで示したものです。

外資の流通サービス業が日本で成功するのが難しい理由は、消費者要因と流通システム要因に分けられます。コストコが成功しているのは、この2つの障壁をうまく乗り越えることができたからです。

コストコの日本人消費者への適応については、本文で述べたとおりです。本国のように価格訴求だけではなく、商品の品質を重視しながらエンターテインメントの要素を売り場づくりに取り入れたからです。流通に関しては、カルフール（フランス）やテスコ（イギリス）の失敗に学んで、商品の調達について国内卸を積極的に活用するようにしました。

どこの国で事業をする場合でも共通していえることなのですが、**自社のやり方（成功法則）にこだわりすぎずに、ある程度の「現地適応化」を行なうことが成功のポイント**です。

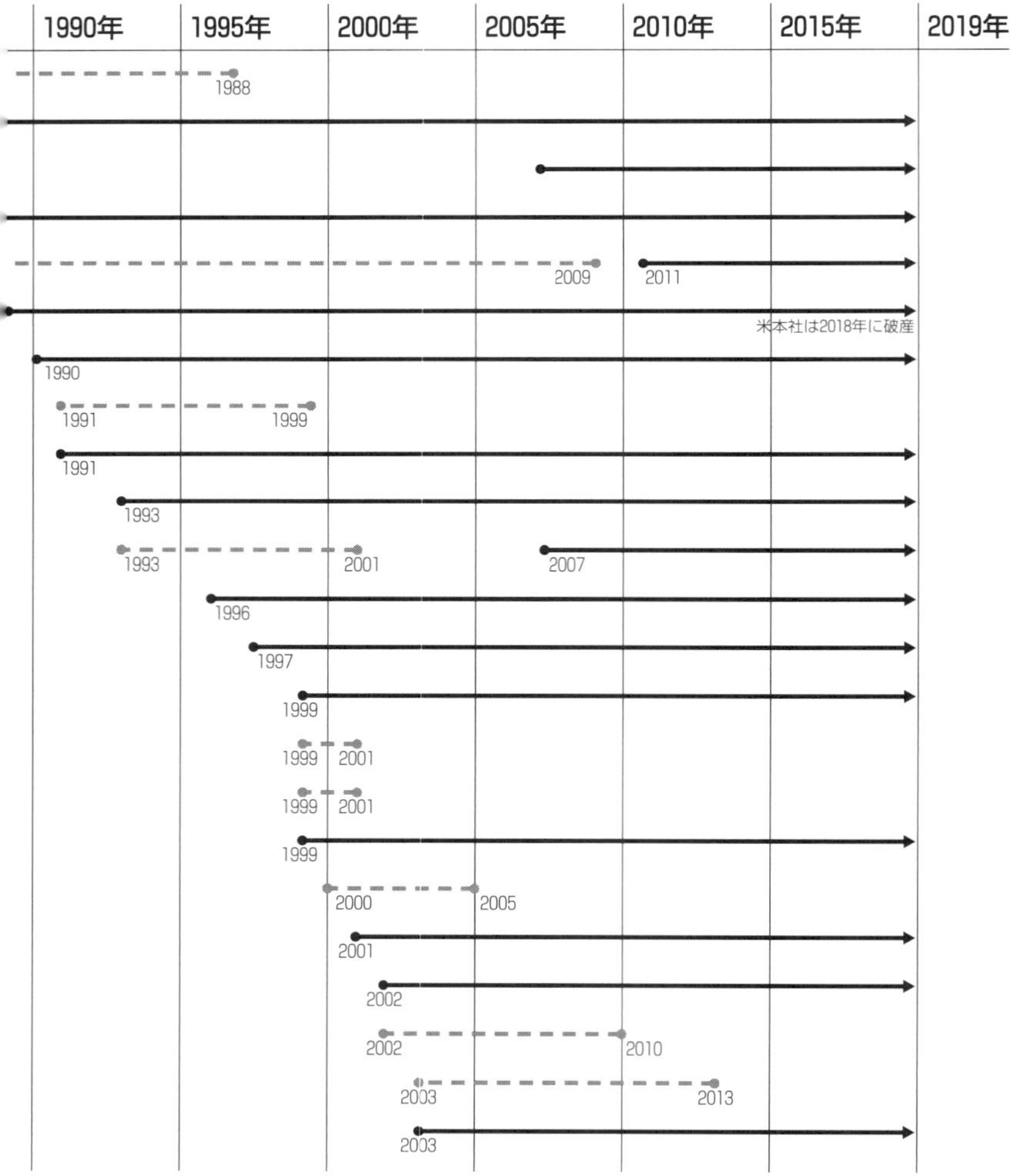
1990年
1995年
2000年
2005年
2010年
2015年
2019年
1988
2009
2011
米本社は2018年に破産
1990
1991
1999
1991
1993
1993
2001
2007
1996
1997
1999
1999
2001
1999
2001
1999
2000
2005
2001
2002
2002
2010
2003
2013
2003

◉日本に進出した外資の流通サービス業の在留・撤退年表

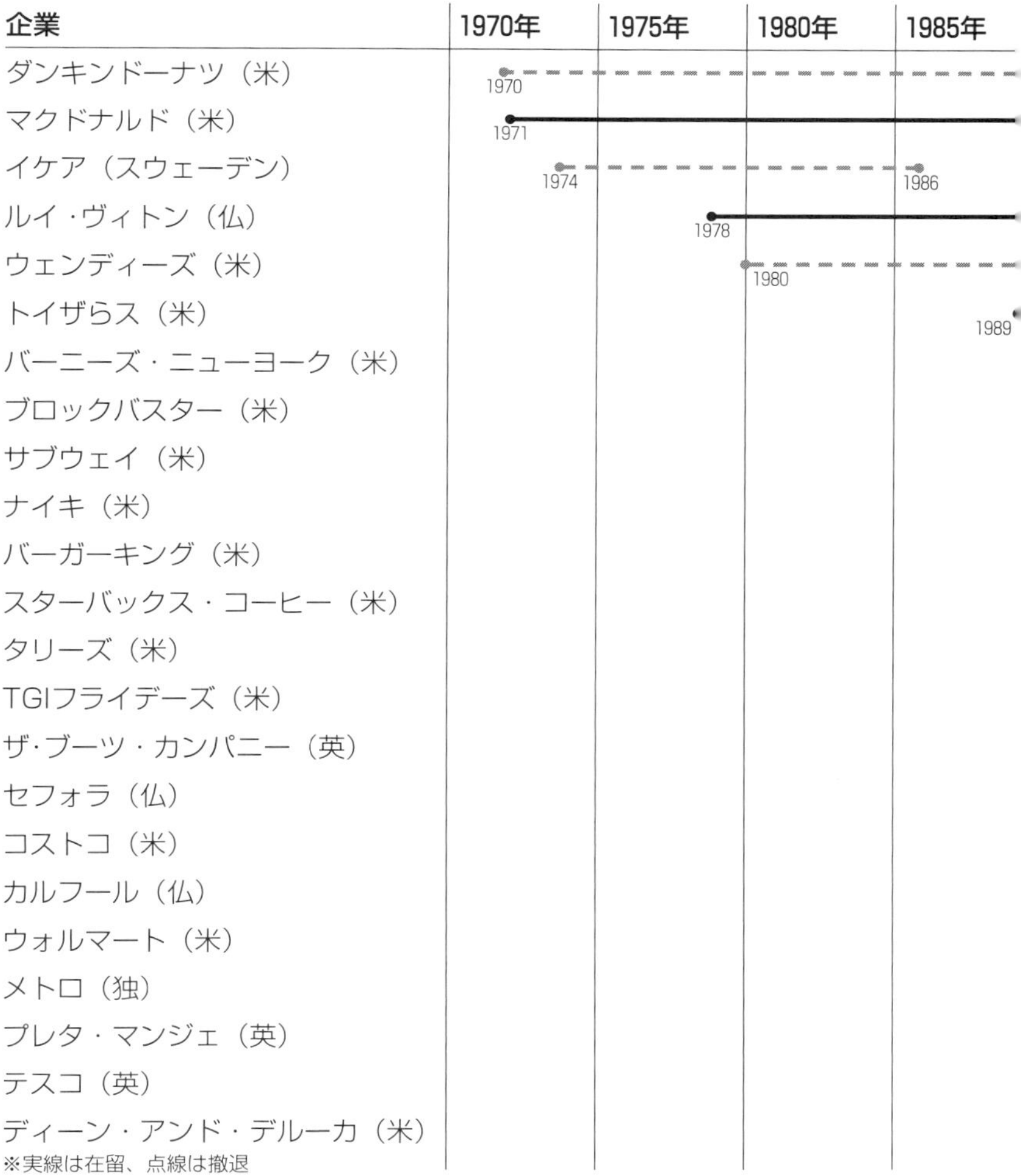

企業	1970年	1975年	1980年	1985年
ダンキンドーナツ（米）	1970 -----	--------	--------	--------
マクドナルド（米）	1971 ━━━	━━━━	━━━━	━━━━
イケア（スウェーデン）		1974 ----	--------	1986 --
ルイ・ヴィトン（仏）			1978 ━━	━━━━
ウェンディーズ（米）			1980 ----	--------
トイザらス（米）				1989
バーニーズ・ニューヨーク（米）				
ブロックバスター（米）				
サブウェイ（米）				
ナイキ（米）				
バーガーキング（米）				
スターバックス・コーヒー（米）				
タリーズ（米）				
TGIフライデーズ（米）				
ザ・ブーツ・カンパニー（英）				
セフォラ（仏）				
コストコ（米）				
カルフール（仏）				
ウォルマート（米）				
メトロ（独）				
プレタ・マンジェ（英）				
テスコ（英）				
ディーン・アンド・デルーカ（米）				

※実線は在留、点線は撤退

2-6 衣料品店の下取りセール「2万円割引」でも赤字にならない理由

スーツや靴、家電など、いまや様々な分野で行なわれている「**下取り**」。自動車など**中古市場のある商品なら、買取価格に再生コストと利益を乗せて再販売することができます。**ところが、どう見ても市場価値がなさそうな、ボロボロのスーツを買い取っても決して儲かるとは思えません。さて、下取りの儲けのしくみはどうなっているのでしょうか？

■スーパーや衣料品店は、なぜ下取りセールを行なうようになったのか？

結論からいえば、近年の下取りセールは、再販売が目的ではありません。**小売店が不用品を買い取る目的は、「買い替えの促進」にあります。**モノ余りの時代で、しかも耐久消費財などは品質が改善されて、長持ちするようになりました。自動車や冷蔵庫など、いますぐ買い替えなくてもいいような商品は、あらゆる分野で「**買い控え**」が起きています。

消費者に買い替えてもらうには、まずは家庭内にある商品を処分してもらわなくてはいけません。家庭内にある「在庫」を処分してもらわないと、新しい商品が狭い居住スペースに入らないのです。そこで、下取りをきっかけに処分を促しているというわけです。

スーツを2万円も割り引いても赤字にならない理由とは?

大手スーツチェーンでは、下取りに出すと2万1000円の割引券がもらえるキャンペーンもありました。もし下取りによって買い替えが進むとしても、「そんなに割り引いてしまったら、むしろ売上が減ってしまうのでは?」と考える人もいるでしょう。

そこで、カギになるのは、たとえば「2万1000円の割引が適用されるのは、金額が3万1500円以上の買い物をしたときに限る」という条件です。割引の恩恵を受けようと思ったら、必然的に高いスーツを買うことになるのです。店舗側では割り引いても、**客単価が下がらないように割引額を設定しているの**です。それが、先ほどの3万1500円という「**最低購入価格ライン**」です。

このように購入価格の下限を設定すれば、赤字の心配もありません。衣料品SPA（製造小売業）の粗利益率は平均が50～60％、さらに高額商品ほど粗利益率は高くなります。4万～5万円前後のスーツを買ってもらえば、2万1000円の割引を行なっても十分に黒字になるのです。

また、赤字にならないというだけでなく、むしろ**下取りで客単価は上がる可能性が高い**ともいえます。なぜなら、「高いものを買っても、また下取りしてもらえばいい」という消費者の心理が働くからです。たとえば、いままで2万円のスーツを買っていた人でも、「5万円のスーツが3万円で買えるなら……」と思うようになり、より高い価格帯の商品に手を伸ばしやすくなるのです。

さらに読者の皆さんに注目してほしいのが、「**ついで買い**」です。スーツを新調すれば、それに合うシャツやネクタイがほしくなるものです。スーツの買い替えのたびに小物が売れるので、トータルの売上はさらに増えていくことになります。

下取りされた商品の行方

気になるのは、下取りされた商品の行方です。スーツの場合、自動車の吸音材などの素材として再利用されるケースが多いようです。

私も個人的に、あるカジュアル衣料品店で、再生部品をリサイクルしたバッグを購入したことがあります。手持ちのベルトには、商用車のホロ（防水布）を再生した部品が使われていました。また、そごうや西武が行なった子どもの靴の下取りキャンペーンでは、回収した中古品を発展途上国に寄付したケースもあります。

いずれにしても、下取りした商品で利益を直接得るという発想ではありません。

下取りはエコロジーで社会貢献にも資する

じつは、「**エコロジー**」や「**社会貢献**」は、**下取りセールの重要なキーワード**です。環境を意識すれば、本来、買い替えをせずに長く使うことが一番良いはずです。環境に対する意識が高い消費者は、買い替えに対して罪悪感を抱き、買い控えをする傾向があります。

そうなると、企業の利益は減るばかりです。そこで、**下取りしてリサイクルやリユースを打ち出せば、消費者のエコ志向や社会貢献のニーズを満足させたうえで、同時に売上も伸ばすことができます。**

消費者にとっては「罪悪感の払しょく」と「社会貢献」、お店側にとっては「**買い替えによる売上増加**」と「**関連商品の販売**」（**追加販売＝クロスセル**：後述の4-4の221ページ参照）というメリットがあります。売る側にも買う側にもメリットがあるのが、近年の下取りセールの特徴です。

したがって、下取りセールは、市場が縮小する時代の救世主かもしれないのです。

2-7 ユーザー心理を巧みにつくソーシャルゲームの「フリーミアム」のカラクリ

テレビゲームに始まり、ＳＯＮＹのプレイステーションや任天堂のＤＳなどが、これまでの日本のゲーム市場を牽引してきました。

しかし、近年では、ハード機とゲームソフトを買わなくても、スマホや携帯電話、パソコンがあれば、インターネット上でゲームをプレイすることができるようになりました。しかも、課金なしの無料です。無料なのに、年々その市場規模が拡大しているソーシャルゲームは一体、どうやって儲けているのでしょうか？

トライアル（お試しプレイ）は無料（フリー）で、上級バージョンは課金する（プレミアム）というしくみについて考えてみましょう。

■「アイテム課金」のしくみとは?

スマホや携帯電話で手軽に遊べるソーシャルゲームの人気は、無料で遊べることが理由の1つです。

ソーシャルゲームの多くは、「**フリーミアム**」といわれるビジネスモデルで利益を得ています。フリーミアムとは、基本サービスを無料提供すること（フリー）でユーザーを獲得し、上位レベルのサービスを求める人には有料（**プレミアム課金**）でサービスを提供するシステムです。フリーミアムの収益の源泉は、フリーで集客した人の一部（全体の数パーセント）からプレミアム課金をすることです。

基本的には誰でも無料でソーシャルゲームをプレイできますが、ゲームをより楽しむためには、武器・薬・洋服などのアイテムがほしくなります。ほんの一握りのヘビーなユーザーにそれらプレミアムアイテムを販売することで、ビジネスは成り立っています。このしくみは「**アイテム課金制**」とも呼ばれています。

「**2：8（にはち）の法則**」（「**パレートの法則**」とも呼ばれます）として「**パレート分布**」が知られています。全体の20％の顧客が売上の80％を占めている現象のことを指していますが、フリーミアムの世界の代表的なビジネスであるソーシャルゲームでは、もっと極端な比率、具体的には課金ユーザーの割合は全体の２〜５％程度になっているともいわれています。

■ユーザー心理をくすぐるバーチャル世界の有料くじ

アイテム課金制のなかでも利益が大きいといわれているのが有料くじです。

たとえば、アニプレックスが運営するゲーム「Fate/Grand Order」（ＦＧＯ）では、レアアイテムやキャラクターなどを入手するためのガチャ（くじ）を有料で提供しています。これらを集めるためには、ガチャを何回も回す必要があり、「重課金者」とも呼ばれるヘビーユーザーのなかには、数十万円以上つぎ込む人もいるようです。

■ロングテールが収益性の高いビジネスモデルを生む

ソーシャルゲームは他のユーザーとコミュニケーションを取りながら遊べることが魅力

の1つでもあります。

レアなアイテムを持っていると仲間からうらやましがられて、承認欲求が満たされます。いわば自尊心を買っているようなものです。また、ガチャなどのくじは確率の世界なので、少ない投資でレアなアイテムを手に入れられる可能性もあります。現実には多額の投資をしないとアイテムがそろわないケースが圧倒的に多いのですが、そうしたギャンブル性がユーザーを惹《ひ》きつけてしまうのかもしれません。

ただ、たとえ自尊心が満たされるからといって、どれだけの人が仮想アイテムに万単位でお金を使うものかは疑問ですね。おそらく、課金ユーザーの分布は、「**ロングテール**（the long tail)」になっているはずです。

ロングテールとは、主にネット販売において現れる現象で、売れ筋商品の売上よりも、あまり売れないニッチな商品群の売上合計が上回ることを指します。アメリカの技術雑誌WIRED誌の編集長を約12年間務めたクリス・アンダーソンが提唱したもので、「売れ筋商品」と「それ以外の商品」を軸に並べたとき、売れ筋商品は恐竜の頭に、売上が少ないほうの商品は低く長く図示されて恐竜のしっぽに見えることから、ロングテール（長いしっぽ）と称されるようになりました。

このロングテールによれば、ソーシャルゲームの課金ユーザーの分布は、過半数が無料ユーザーで、1～2割のユーザーが数千円、そしてごく一部のヘビーユーザーが10万円前後をつぎ込み、全ユーザーのアイテム課金の平均額は月1万円程度になるというイメージです。

100人の中に数人ハマりやすい人がいればビジネスが成立してしまうところが、このフリーミアムによる収益モデルの特徴なのです。

■ベータ版での開発が撤退のコストをカバーする

ソーシャルゲームはメーカーのメリットも大きいといえます。従来のゲームソフトは、一度完成させてパッケージ化したら改良が不可能で、売れなかった場合の不良在庫を抱えてしまうリスクがありました。

一方、**ソーシャルゲームは「ベータ版」とも呼ばれる試作版を出して、ユーザーの反応を見ながら逐次改良していけます。**場合によっては、早期に撤退することも可能です。そのため、最終的には、開発費が回収しやすいシステムになっているのです。

ゲームには一種の中毒性があり、一部の熱狂的なユーザーが狙い撃ちにされているという面もあります。社会問題化すれば、課金に上限が設けられるなどの規制が入る可能性もあるでしょう。

課金に上限が設定されると、ロングテールの収益モデルは成り立たなくなります。そのとき、ゲーム業界が一体、どのように対応するのか、興味深いところです。

2-8 英会話と時差を組み合わせて開発した「格安オンライン英会話」サービス

英会話というと授業料が高額なイメージを私は持っていましたが、近年ではインターネットを使った破格の英会話教室が登場しています。代表的なサービスは、フィリピンの講師と日本人の受講生をオンラインで結んだ「**レアジョブ**」のビジネスモデルです。

そうした格安の英会話レッスンサービスを提供できるしくみと、そのクオリティについて見ていきましょう。

■「英会話」と「時差」を組み合わせたビジネスモデル

インターネットを通して外国人講師がレッスンするオンライン英会話教室。人気の秘密は授業料の安さです。この業界の草分け的存在であり、累計会員数70万人（2019年2

月時点）を誇るレアジョブ英会話は、1日1レッスン25分187円（月額5800円）からです。どうして、こんなに安くできるのでしょうか？

レアジョブ英会話の講師はフィリピン人です。「ビジネス英語指数（※）」によると、ノンネイティブ・スピーカーとしては世界第1位の英語力を誇るのがフィリピン人です。それにもかかわらず、日本とフィリピンの賃金格差は12～15倍程度。そのため、英語力のある講師を格安で雇えるのです。

日本国内で外国人講師を雇う場合、ネイティブの時給は2000円、ノンネイティブで時給1500円が相場です。ところが、現地（フィリピン）の講師なら講師料がその12分の1～15分の1に収まります。これが、破格のレッスン料を実現できる理由なのです。

■安さとクオリティを両立できる理由

安さの理由はほかにもあります。

注目すべきは、**無料のインターネット電話（スカイプ）を使って、講師**

※ビジネス英語指数とは、世界150以上の国や地域で企業や個人向けに英語セミナーや英語教材を提供しているGlobal English社が設定・発表しているデータです。英語を母国語としない人の英語熟練度を示す10点満点の指数で、単語や文法など基本的な英語の理解、会話やメールなどで英語を利用する能力、会議やプレゼンテーションで英語を使う技術などを総合して数値化しています（出所：株式会社カルジャパン・プレミアムのホームページ）。

と受講生をつないでいる点です。レアジョブでは、予約システムを構築するだけでいいので、システム投資は最小限で済みます。

これは、無料のＩＴプラットフォームをうまく活用した事例ともいえます。また、ネット環境があれば場所を問わずにレッスンを行なうことができるので、教室の賃料も節約できます。都心に教室を構えている従来の英会話教室に比べると、コストはケタ違いに安くなります。

たとえ安くても、英米人と比べてフィリピン人の多くは独特のイントネーションがあり、そこが懸念ポイントだと思われがちです。しかし、じつはいま、フィリピンは就業難です。これといった産業に恵まれていないフィリピン経済では、大学を卒業しても、仕事にありつけない「高学歴ワーキングプア」が増えています。

彼らは英語力が高く、発音もきれいなので、イギリスやアメリカのネイティブスピーカーに、引けを取ることがありません。こうしたフィリピンのインテリ層を中心に、レアジョブは雇用しているのです。

◉日本と世界の時差

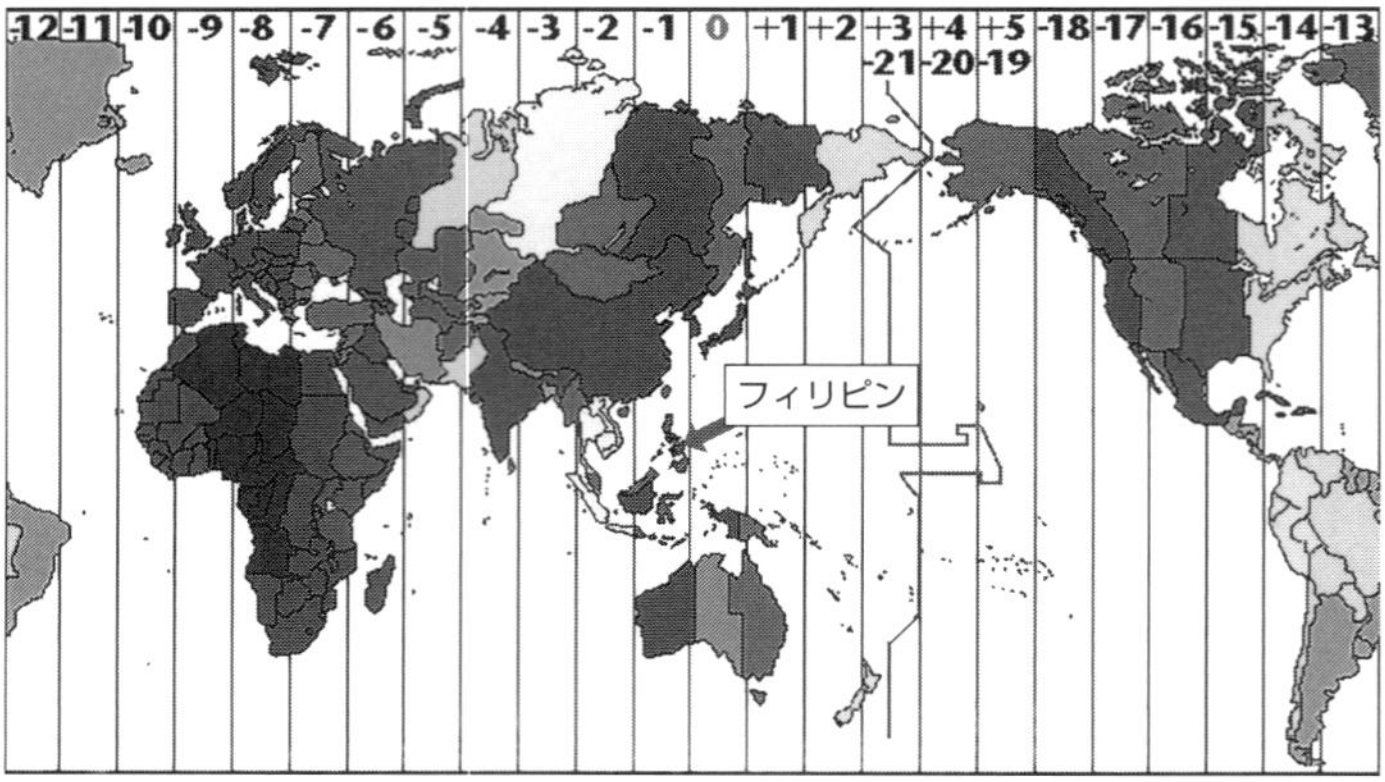

■フィリピン以外の国ではダメなのか？

とはいえ、日本と賃金格差があり、英語を流暢《りゅうちょう》に話せる人が多い国はほかにもあるはずです。また、ネットで世界中とつながれるのに、なぜフィリピンだけなのでしょうか？

ここで浮上するポイントが、**フィリピンと日本との時差**なのです。フィリピンは日本より1時間遅いだけなので、講師と受講生の生活時間帯にほとんどズレがありません。

その一方で、ヨーロッパやアメリカだと、アフター5に勉強しようと思っても向こうは早朝や深夜で、タイミングがズレてしまいます。ネットで場所の壁を越えることはできても、時差の壁は越えられません。

レアジョブのフィリピン人による英会話レッスンは、ネットの性質をうまく価格戦略に活用した「**時差ビジネス**」といえます。

時差に注目したビジネスは、まだまだ開拓の余地がありそうです。ぜひ新規事業のアイデアを考えるときの参考にしてください。

Chapter 2 のまとめ

値づけの思考整理ノート②

✓ 薄利多売のビジネスでは、商品やサービスの単価が安くても、商品やサービスの種類を増やして買上点数が増えるようにすれば儲かる。ただし、行列などでお客の待ち時間が長くなると来店頻度が少なくなって利益が低下してしまう。

✓ 低価格サービスで高収益を上げる方法としては、人件費、土地代や家賃、設備費などのコストを削減することが考えられる。特に、人件費を削減するには、業務を簡素化して作業効率を高める必要がある。

✓ 安売りの小売店でオペレーションコストを下げる方法の1つとしては、段ボールやボックスのまま商品陳列を行なう「FRD（フロア・レディー・ディスプレイ）」がある。

✓ それほど安くはない価格設定にしても、売れ筋に絞った品ぞろえを行なえば、値ごろ感を出せるケースもある。

✓ ベンダー・リテイラー（卸小売業）やメーカー・リテイラー（製造小売業）は、流通経路のマージンや物流コストを省けるため、低価格戦略をとりやすい。

✓ 不用品を買い取り、買い替え商品の値引き（下取りセール）を行なえば、買い替えを促進することができる。その際、赤字にならない最低購入価格ラインを設定すると、赤字にならない客単価を確保できるとともに、「ついで買い」による客単価の上昇も期待できる。

✓ 基本的な機能のサービスや商品は無料で提供し、高度または特別な機能のサービスや商品の提供には料金を課金する「フリーミアム」による収益モデルは、100人中に数人の（高度または特別な機能を求める）「ヘビーユーザー」がいれば儲かる。

Chapter 3

プレミアム価格戦略

～数量よりも利幅を狙う値づけの思考法

3-1

工房系ランドセルメーカーのプレミアム価格戦略

毎年生まれてくる新生児の数が、2016年に戦後初めて100万人を割り込みました。2018年も新生児の数は92・1万人。1980年代前半の第二次ベビーブームのころ、年間で200万本も売れていたランドセルの販売数がピーク時の半分になっています。

こうした少子化のなかで「**工房系**」と呼ばれるメーカーのランドセルだけは、販売数を増やし続けています。それは、なぜなのでしょうか?

ランドセル市場に見る**プレミアム価格戦略**を見てみることにします。

■少子化のなかで成長してきた工房系ランドセルメーカー

工房系ランドセルメーカー(以下、工房系メーカー)とは、大量生産で安価にランドセルをつくっている量産メーカーに対して、手づくりで丁寧にランドセルをつくっている小規模なメーカーのことです。全体のランドセル市場が縮小していくなかで、着実に需要を伸ばしてきた工房系メーカーは、全国に20社程度存在するといわれています。

代表的な工房系メーカーは、「**土屋鞄製造所**」（東京都）、「**鞄工房山本**」（奈良県）、「**中村鞄製作所**」（東京都）の3社です。これに、小売出身の「**池田屋カバン店**」（静岡県）と保育用品卸から参入した「**神田屋鞄製作所**」（東京都）が加わり、トップ5社を形成しています。これらの**工房系メーカーの強みは、品質の高さとブランド力**です。

工房系メーカーのランドセルの価格は、通常のランドセルの3〜4倍（5万〜14万円）します。工房系メーカーは、ランドセルに高額な代金を支払ってくれるお客をつかんできたのです。

ちなみに、年間の販売数は概算ですが、土屋鞄製造所が約4万本、池田屋カバン店が約3万本、鞄工房山本が約2万本、神田屋鞄製作所と中村鞄製作所がそれぞれ約1万本と推定されます。全体の需要は年間90万〜１００万本ですから、工房系の上位5社を足し合わせても、10％のシェアにようやく届くくらいでしょう。

大手メーカーの躍進で工房系メーカーは苦境に陥っていた

工房系メーカーがシェアを拡大してきたのには、偶然のめぐり合わせがありました。各社ともに、順風満帆に事業を拡大してきたわけではないのです。

ランドセル市場に変化が起きたのは、２００３年に**セイバン**（兵庫県）が「**天使のはね**」を発売して、一大ブームを巻き起こしてからです。

同社の開発者が、「重心を上げればランドセルが軽く感じられる。子どもの負担を減らすために肩ベルトを立たせてみたらどうか」と考えて軽量のランドセルを開発し、「天使のはね」という絶妙なブランド名をつけて大ヒットしました。ピーク時には、セイバンの天使のはねが、市場全体の約半分のシェア（65万本／１３０万本）を持っていました。

それと前後して、総合スーパーの**イオン**が「**はなまる24（24色のランドセル）**」を２００１年から売り出しました。価格は約３万円です。選べるカラーランドセルを大々的にプロモーションするようになってから、春先のランドセル市場を席巻するようになりました。

割安でデザイン性に優れた大手企業の商品が台頭したため、ランドセル専業の工房系メーカーの土屋鞄や鞄工房山本は、従来からの販売先を失ってしまいました。そうした苦境のなかから**工房系メーカーが新しい販路として見出したのがEC市場**だったのです。

ネット販売から始まった「売り切れ御免」のビジネスモデル

ネット販売に活路を求めたことが、小規模の工房系メーカーに有利に働いたのは、結果論だといえます。企業規模が小さいので、各社ともに生産量は制約を受けます。つまり、それほど多くはつくれないのです。しかも、時代の風潮として、カラーバリエーションが何倍にも増えたので、生産ロットがさらに小さくなりました。

ランドセルの製造は、基本的には見込み生産です。規模の大小にかかわらず、革の素材や金属部品などを仕入れてからまとめて製造します。

そのため、製造時期および販売時期が特定の時期に集中する傾向があり、人気商品の場合は品切れになる可能性が高いのです。

さらに、SNSが普及するようになってからは、小学校入学を控えた子どもを持つママ友たちの間で拡がる**口コミ**がランドセルの販売に大きな影響を与えるようになりました。

いわば、**工房系メーカーの「売り切れ御免」のビジネスモデルが、買い物競争を煽るよう**

になったのです。

また、工房系メーカーがプレミアム商品をネット販売するようになってから、人気商品は発売開始から間もなく欠品を起こすようになりました。以下は、あるネット記事からの引用です。

「2016年は、人気の老舗ランドセル工房『土屋鞄製造所』が受注を開始した7月1日に、ホームページにアクセスが殺到してサーバがダウンしたり、店舗に長蛇の列ができたことが話題になりました。2017年も週末は大混雑し、整理券を配るなどの対応を行なったようです。ガイドの知人も2016年7月1日、ネットがつながらないため慌てて店舗に駆けつけ、2時間30分並んで長女のランドセルを注文してきたそう。その教訓から、今年の次女のラン活（編注：ランドセルを購入するための活動）では、5月初旬に店舗に行き、すでに希望のランドセルを注文してきたようです。早いですね！」（All About「白熱するラン活とは？　工房系ランドセル争奪戦2019」2018年6月9日）。

■「ラン活」ブームが始まる

ランドセルの情報収集から購買決定に至るまでの行動は、小学校入学前の6歳児を持つ母親の間では、いつしか「**ラン活**」と呼ばれるようになりました。

以前は毎年10月にランドセルが売れ始めて、1、2月ごろまで売れ続くのがふつうのパターンでした。それが、5月に情報収集が始まり、早ければ7月にはラン活が終わるようになったのです。そして、孫のためなら財布の紐が緩くなる祖父母たちがラン活に巻き込まれると、**プレミアム感のあるモデルの価格が高騰する**というわけです。

もちろん、量販品で販売される「天使のはね」や「フィットちゃん」、イオンのカラーランドセル「はなまる24」などは、いまでも年末から春先まで入手が可能です。しかし、ラン活が一般化したことで、欠品で買えなくなるランドセルが続出するようになりました。

ただし、工房系メーカーのランドセルが特殊なブランドの位置づけを得るようになりましたが、付加価値（プレミアム）のある商品が誕生したのは、それなりの企業努力があったからです。では、池田屋カバン店のランドセル（子ども思い）の成長の軌跡を見てみることにしましょう。

▨池田屋カバン店の銀座出店

　工房系ランドセルメーカーがネット販売に活路を求めるはるか昔に、ＥＣ市場の将来性に気づいたのが池田屋カバン店（以下、池田屋）です。インターネットが普及し始めた２０００年ごろ、同社はいち早くランドセルのネット販売（ネット通販）を開始しました。

　ネット販売を始めると面白い現象が起こりました。購入希望者へのアンケート調査を実施したところ、全国の消費者から「池田屋のランドセルを実際に体験してから購入したい」という要望が殺到したのです。池田屋のランドセルの使い勝手の良さが、ネット販売を通して全国に知られるようになったわけです。

「消費者からそれほどの高い支持を得られているのなら、東京都心に実店舗を構えてみたらどうだろう」「アンケートでも、地方の購入希望者が（当社の）ランドセルを直に体験してみたいといっている」と考えた同社の池田浩之社長は、思い切って勝負をかけました。

　２００４年、東京のど真ん中、銀座コアの３階に直営のランドセル専門ショップをオープンしたのです。結果は、大成功でした。

銀座店の開店で、池田屋のランドセルの評判は確かなものになり、全国的なブランドに躍進しました。池田屋の銀座店の成功を見て、競合する土屋鞄や鞄工房山本も銀座にショールームを構えるようになりました。

いまや銀座はラン活のメッカの様相を呈していますが、そのきっかけをつくったのは池田屋の東京進出だったのです。

このように、池田屋がアンケート調査などにより消費者のニーズをしっかりつかんで、そのニーズへの対応策を実行していなければ、現状の工房系メーカーのプレミアム価格戦略は実現していなかったかもしれません。こういった消費者ニーズの把握も、値づけを思考するときには欠かせません。

3-2

ランニング市場の拡大とランナーの年収の関係

マラソンやジョギングといったランニングは、お金がかからないスポーツ。身体１つで手軽にできるのが最大のメリットです。ところが近年、こうしたランニングにお金をかける人が増えています。

ランニング市場では一体、何が起こっているのでしょうか？

■道具不要のランニングでどう儲けるのか？

いま、ランナーを対象としたビジネスが東京を中心に大流行しています。たとえば、「**ランステ**」と呼ばれるランナーのためのステーション。着替えをするためのコインロッカーやシャワーを浴びるための施設として、利用する人が急増中です。

そもそもマラソンやジョギングといったランニングは、お金がかからず気軽に始められるスポーツとして人気がありました。にもかかわらず、お金がかかるランステの利用者が増えているのはなぜなのでしょうか？

私は市民ランナーの1人として、年間に15～20回ほどレースに参加しています。その私の経験をもとにひも解いてみましょう。

ランステが必要とされる背景

皇居の外周は道路が整備され、景観も良いので、都内では絶好のランニングコースです。なお、皇居の外周を走ることは「皇居ランニング」あるいは「皇居ラン」とも呼ばれています。

ただし、ランナーの方ならよくご存知だと思いますが、走った後、汗まみれのままで電車に乗るのは気持ちが悪いものです。また、冬場だと体が冷えるし、健康にもあまり良いものではありません。着替えたりシャワーを浴びたりする場所が必要なのです。

そのための有料スペースが皇居の周りに続々とつくられています。かつては、ほとんどのランナーが都内の銭湯を利用していました。まだ、東京の下町（両国や浅草など）を中心に、都内にもランナーが利用できる銭湯は残ってはいますが、施設が古くなったり、次々に廃業したりしているので、ランナーが快適に利用できる銭湯は多くはありません。

また、生き残っている数少ない銭湯では、汗まみれのランナーを嫌がる地元客からのクレームが頻発しました。私も、皇居に近い千代田区の銭湯で、地元客とランナーがシューズの置き方を理由に険悪になった場面を目撃したことがあります。そのような流れを受けて、銭湯に行きづらくなったランナーのニーズに応えるランステが流行《はや》るようになったわけです。

ランナーにはお金持ちが多い？

肝心のランステの料金ですが、たとえば、東京メトロ東西線竹橋駅から直結していて便利な立地の「Run Pit」の場合、男女別のロッカーやシャワールーム、女性用のパウダールーム、ランニングウェアのレンタル（有料）など、充実した設備やサービスが用意されており、初回の新規登録料４００円、利用１回ごとに９００円、30分間までのシャワー利

◉ランナーの世帯年収

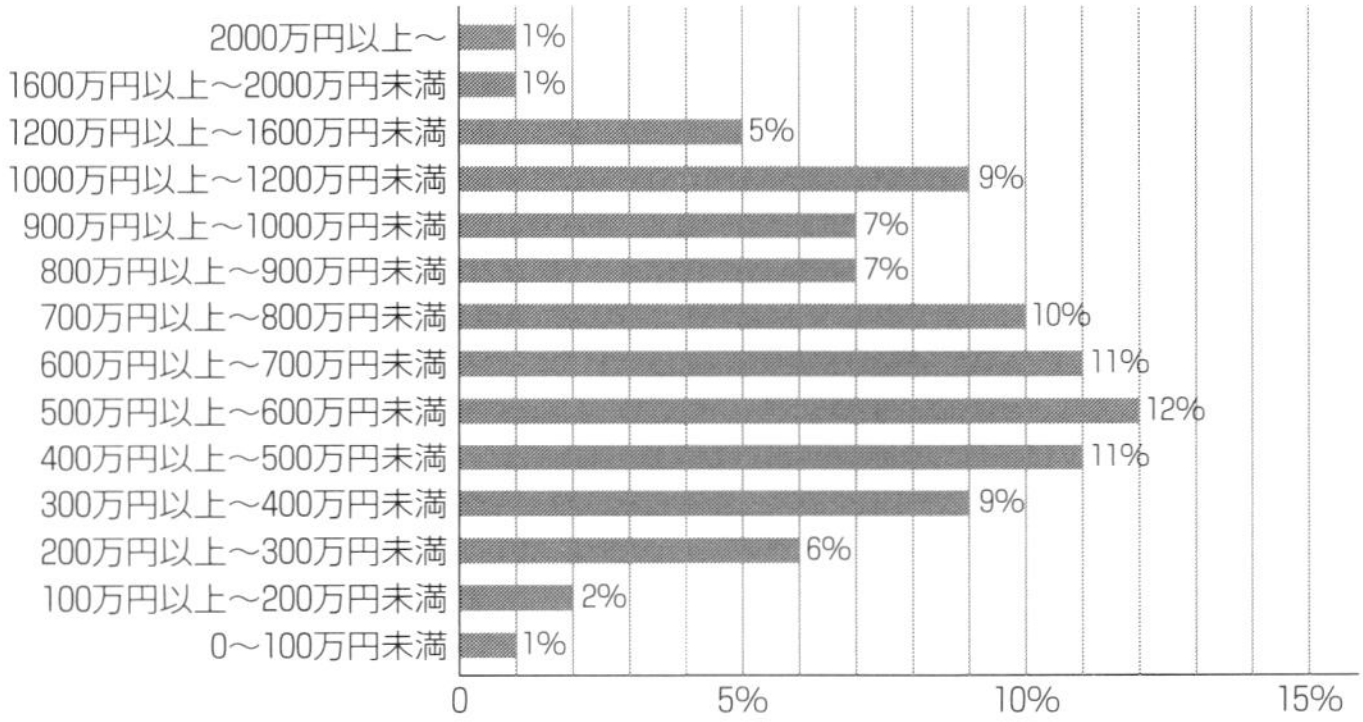

出所：一般財団法人アールビーズスポーツ財団「2018年度ランナー世論調査」

用のみの場合（レンタルバスタオル付き）は１回６００円という価格設定です。

一方、東京都の銭湯の入浴料金は、大人（12歳以上）１回４６０円です。ランステのほうが高くつきますが、ランステの盛況ぶりを見る限り、ランナーにとってはそれほど痛くない価格のようです。つまり、値ごろ感のある価格といえます。

一般財団法人アールビーズスポーツ財団が実施した「２０１８年度ランナー世論調査」によると、上のグラフに示したように、**ランナーの50％以上は年収６００万円以上**という結果でした（日本の総世帯のうち年収６００万以上の世帯は約35％）。都心に通勤していて、かつ健康に気を配ってランニングをするような層は、収入に比較的余裕がある人が多いということでしょう。

ランステの収益を支える「ファンラン」

ランステの経営面は、どうなっているのでしょうか？

ランステは、「ファンラン」と呼ばれるミニマラソン大会をよく主催しています。参加料は大会によって異なりますが、1人3500円前後です。仮に400人が参加したら、140万円の売上になります。さらに、参加者は着替えのためにランステを利用するので、その利用料も入ります。通常の利用に加えて、このファンランの売上もランステの経営を支えているのです。

ランナーを対象としたビジネスはランステだけではありません。航空会社（日本航空：JAL）や観光業者（JTB）などもランニング市場に参入しています。

有名なのがホノルルマラソンです。1973年、オアフ島の公認マラソンとして誕生した伝統の大会で、毎年12月の第二週の日曜日に開催されています。2019年の大会で47回目の開催になります。

1985年より、ホノルルにホテルを持つ日本航空がスポンサーになって、「JALホノルルマラソン」として特別協賛しています。**日本航空がホノルルマラソンのスポンサーになったのは、冬場の閑散期に、自社のホテルと航空便の稼働率を上げるためです。**海外でイベントを開けば、参加者に自社の航空機とホテルを利用してもらうツアーを組むことができるようになるというわけです。

ホノルルに続けとばかり、いまでは旅行代理店が世界の様々なマラソン大会ツアーを企画しています。私もホノルル以外に、シドニー、ニューヨーク、パリ、ベルリンなどのマラソンを走った経験があります。ホノルルマラソンほど日本からの参加者は多くありませんが、旅行代理店の努力によって、リピーターの多いビジネスに育っています。

ランニング市場は伸びしろが大きい？

このように、企業が熱い視線を送っているランニング市場は、今後も拡大していくと思われます。というのも、最近は20代および30代の若い女性ランナー（ランナー人口全体の約15％）が目立つようになっているからです。ウェアやシューズなどファッショナブルなアイテムが増えていますが、それを身につけて走るのが、彼女たちにとって「おしゃれな

◉「RUNNET」会員登録数の推移

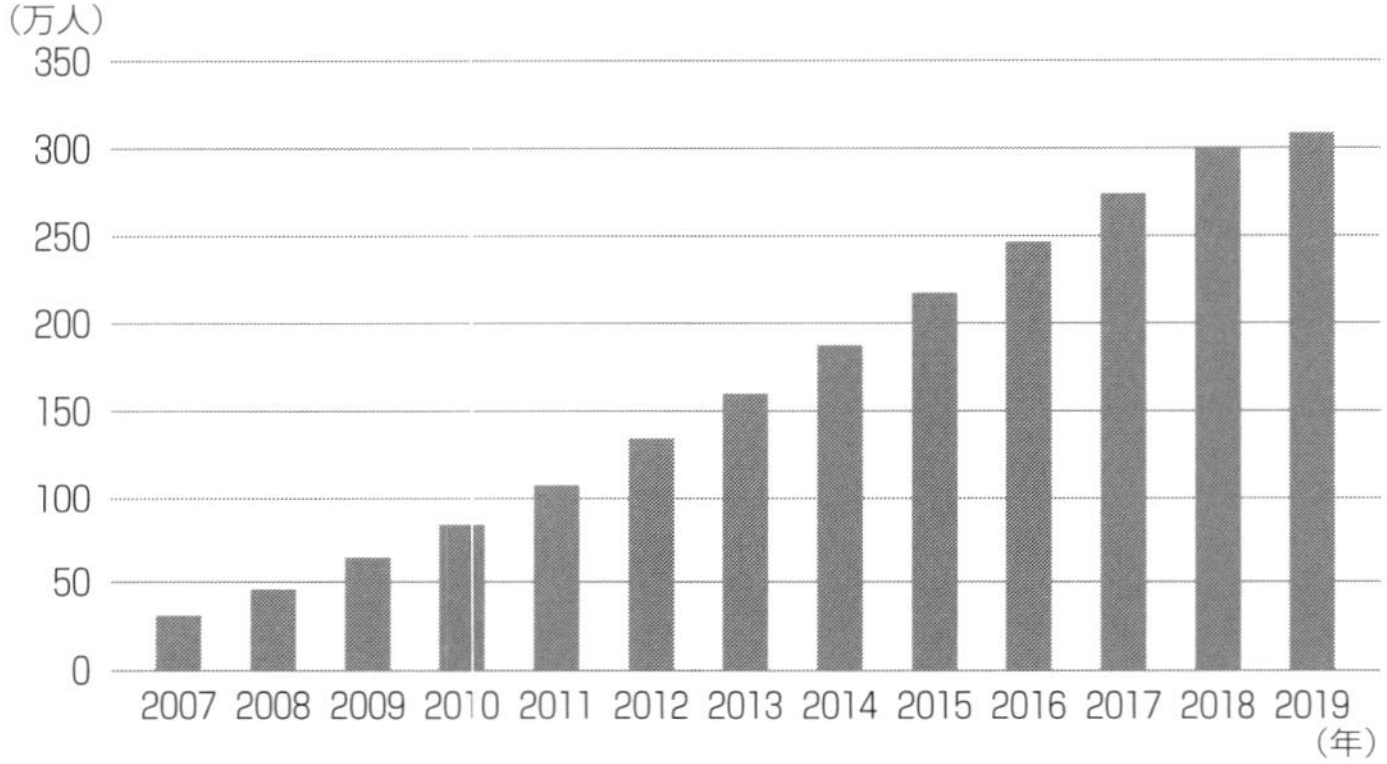

出所：株式会社アールビーズの提供資料をもとに作成

ライフスタイル」であるということなのでしょう。若い女性は、自分のために自由に使えるお金が多いので、市場はさらに過熱していくはずです。

なお、日本のシリアスな（本格的な）ランナー人口は、２０１９年５月現在、約３００万人といわれますが（株式会社アールビーズが運営するランナーのためのポータルサイト「RUNNET」の会員数の推移を示した上のグラフ参照）、健康の増進を意識する人が増加してきている状況からすると、ウォーキングやサイクリング（自転車）の市場も将来的には有望だと思われます。

3-3

なぜユニクロの値づけは世界共通なのか？

海外で販売される日本製の商品は、同じものであっても現地の物価によって価格が変わります。さらに、地域性やブランド戦略なども、価格設定に大きく関わっています。

価格水準と地域の事情には、どんな因果関係があるのでしょうか？

■日本と同じ商品が海外では10％以下の激安価格で売られることもある

海外に行くと、日本製の商品が国内より高い価格で売られていたり、逆に激安で売られていたりすることがよくあります。日本と同じような商品なのに激安で売られている例として、エースコックの即席めんがあります。日本では約１８０円ですが、ベトナムでは15円程度。また、味の素の「ほんだし」（３袋〔40ｇ〕で約３１０円）に相当する風味調味料は、インドネシアでは3袋で約8円です。

なぜ、こんなにも安くできるのでしょうか？

日本と現地との物価の違いもありますが、そのほかにも2つのケースが考えられます。

1つは、現地で生産しているので、製造コストを抑えられているケースです。

もう1つは、顧客ターゲットを富裕層ではなく中流の一般消費者に設定しているために、品質もその客層向けに調整しているケースです。

一般的に、日本人はほかの国の人に比べて品質には厳しいのですが、インドネシアなど現地の人はそこまで高い品質を要求しません。つまり、**品質がそれほど高くなくても受け入れられる国では、製品の仕様（スペック）を落として価格を安く設定している**のです。

ただし、ターゲットである消費者が、所得が低く家計も厳しい場合、一度に商品を大量に購入することができません。そのため、**発展途上国に進出した日系のメーカーは、インスタント麺をひと回り小さくしたり、調味料の袋を小分けにしたりしています。**

現地の消費者向けに、必要なときに少しだけ買えるように、売り方の工夫もしています。お得用サイズの増量とは逆の発想です。じつは相対的には割高になりますが、販売する現地の事情に合わせたグレードやサイズ、規格の設定も必要だということです。

■ロシアでは日本のぶどう1粒が100円もする

一方、日本では考えられないくらい高く売られている商品もあります。日本から輸出されている果物などです。国内で1個150円程度のリンゴが、ロシアのスーパーでは1000円くらいで売られていたり、日本で1房300円程度のぶどうが、同じくロシアの高級デパートでは1粒100円くらいで売られたりしている実例を、私はモスクワの視察旅行で目の当たりにしたことがあります（そのとき、輸出業者になりたくなりました！）。

しかし、日本産の果実が高く売れる理由は、品質が高くて安心・安全で美味しいという「**ジャパン・ブランド信仰**」があるからです。ロシアでも、かつては電気製品や自動車がジャパン・ブランドの代名詞でしたが、いまや対象は果物に変わっています。ぶどうはロシアの寒冷な気候では育たないため、輸入に頼らざるを得ないという事情もあります。

さらに、ロシアでは現地で「オリガルヒ」と呼ばれる新富裕層（新興財閥）の存在も大きく影響しています。品質が良ければお金に糸目はつけないという富裕層がいるからこそ、高価な輸入果物の販売が成立しているのです。

ちなみに、南米の熱帯高地にあるエクアドルは、世界で4番目の切り花生産国です。同国の標高3000メートルにある農場で栽培された大輪のバラは、茎の長さが120㎝くらいにも育つのですが、ロシアに輸出されるバラは、1本100ドルという高額な価格がついています。

■ユニクロはなぜ世界のどの国でも同じ価格なのか？

ここまでの話とはまったく対照的な事例もあります。

海外でも、日本とほぼ同じ価格で売られているものがあることをご存知でしょうか？

それは、「**世界統一価格**」を打ち出している**ユニクロ**の商品です。ユニクロのフリースやTシャツは、世界中どこでも同じ価格です。日本円に換算して同じ価格だということは、物価が安い国では相対的にはやや高めに売られていることになります。

なぜ、こうした価格設定ができるのかというと、世界中のどの国でもボリュームゾーン

◉日本商品の国内外における価格の比較

商品／ブランド	日本の価格	海外の価格
じゃがビー（カルビー）	140円	中国7.8元（約125円） アメリカ1.09ドル（約110円）
にっこり（栃木の高級梨）	700〜800円	香港約120〜160香港ドル（約1,500〜2,000円）
即席めん（エースコック）	180円	ベトナム3,000ドン（約15円）
ほんだし（味の素）	3袋で310円（瓶入り750円）	インドネシアでは3袋で約8円
ユニクロ	世界でほぼ同一価格（日本の価格をもとに現地の価格を設定しているため）	

出所：筆者チームが2014年に実施した調査結果をもとに作成

の顧客をターゲットにして、彼らが満足するレベルの品質を実現しているからです。ユニクロは、日本では「品質が良くてお値ごろ」というイメージですが、中国では「値段に比べて圧倒的に品質が良い」ブランドとして認知されています。

実際に、中国や東南アジアの国で調査をしてみると、そのような国におけるユニクロのメインのお客は、経済成長の恩恵を受けている比較的若い厚みのある中間層です。海外旅行に出かけたときは、現地のユニクロに立ち寄って価格を確認してみてください。

なお、２０１４年2月に、いくつかのブランドや商品で、日本と海外の価格の比較調査を実施したので、上の表にまとめておきます。

3-4 「いまだけ」「先着○名様まで」……限定フレーズはプレミアムの条件?

「いまだけ」「本日限り」とか、「先着○名様まで」「限定○名様まで」といった宣伝文句に誘われて、「いま買わなきゃ損!」——、そんな気持ちにさせられて財布をつい開いてしまう人。反対に、「いますぐ買わなくてもいい」というように、ほしい衝動を抑えて購入を見送る人。その違いはどこにあるのでしょうか?

このような「**限定品**」に弱いタイプの消費者心理について解明しましょう。

■「限定品」商法の5つのタイプ

本節冒頭に例示したような「**限定フレーズ**」に誘われて、本当はそれほどほしくないのに買ってしまうことは誰でもありますよね。

人間は、なぜ限定フレーズに弱いのでしょうか？
その説明をする前に、まずは限定品商法について解説します。
限定品の販売方法には、次の５つのタイプがあります。

① **期間限定**
② **数量限定**
③ **地域限定**
④ **チャネル限定**
⑤ **顧客限定**

まず代表的なのが、①の「**期間限定**」と②の「**数量限定**」です。たとえば、「今シーズン限り」や「先着100名様まで」という売り方がこれに当たります。

また、③の「**地域限定**」などの商品もよく見かけます。ご当地でしか買えないお菓子や飲料などです。たとえば、**キリンビール**は2017年に「ご当地ビール」として、全国47都道府県で、フレーバーや原材料の異なるビールを発売しました。また、**カルビー**も、ポテトチップスで同じような地域限定の商品を開発しています。

さらには、ネット時代に入り、④の「**チャネル限定**」も目立ちます。以前から、「○○店のみの取り扱い」というチャネル限定はあったのですが、ネットショッピングが普及したことで、ネット限定の売り方が増加しています。

最後は、⑤の「**顧客限定**」です。たとえば、会員制スーパーなどは顧客限定の一種といえます。

■限定フレーズに宣伝効果があるのはなぜか?

いずれのタイプも共通して、「ティージング」（お客の心をくすぐる、じらす）効果があります。**あえて限定することで購買までのハードルを高め、商品を手に入れたいという欲望を増大させる**のです。

ただし、限定品だからといって、すべての消費者がほしがるわけではありません。

では、誰を狙ったらいいのでしょうか?

商品を開発したり、プロモーションを企画したりする企業側は、まず限定品に弱い消費者がどのようなタイプの人なのかを知る必要があります。

■限定品に弱いタイプの人とは？

私の研究室で、大学院生が「フィギュアとお菓子の限定品」を使って、限定品に対する消費者行動について調査したことがあります。その調査結果によると、限定品を好む人には際立った特徴があることがわかりました。

意外かもしれませんが、まず**女性のほうが男性よりも限定品を好む**、ということです。これは、おそらく買い物の知識や経験が影響していると考えられます。**男性は買い物に慣れていないため、安全・安心を求めてブランド品を選ぶ**傾向があります。一方で、買い物に慣れている**女性が求めるのは、刺激や変化**です。限定品を購入するのは、従来からある商品との差異がわかる人なのです。

また、同調査によって、パーソナリティ項目では、**限定品を好む人は「自己独立因子」と「集団同調因子」が強い**ことも判明しました。

前者の自己独立因子の強い人は、ほかの人に束縛されず自分の意思で物事を決めていく性格を示しています。自分は何かに流されるのではなく、きちんと自分で買うべきものを選んでいるという意思表示が、限定品購入という行動になって現れているといえます。

しかし、本当に独自のものを望むならば、限定品ではなく、ほかの人が選ばないような別の商品を選ぶはずです。

そこで、後者の集団同調因子が関係してきます。集団同調因子の強い人は、「みんなと同じがいい」と考える人で、自由を好む人とは真逆に思えます。じつは、この点が消費者心理の難しいところなのです。つまり、自己独立因子と集団同調因子が高いのは、「みんなも持っているけれど、そのなかで特別なものがほしい」という単純ではない消費者心理を示しているといえます。

ちなみに、日本人が外国人に比べて限定品に弱いのは、（ちょっとだけ自己独立の意識を持ち）集団同調因子が高いからだと考えられます。このあたりについて、もう少し掘り下げていきましょう。

日本人が限定品を好む理由は歴史にある

古くから日本人は限定品を好む傾向がありました。日本には春、夏、秋、冬と四季があり、その季節だけの様々な限定品が生まれてきたためです。季節商品を中心に、ほとんどのものは**「売り切れ御免」**の世界だったのです。

一方で戦後、「限定品」「売り切れ御免」とは対照的なマーケティング手法が小売、販売の主流になりました。それは、20世紀初頭にアメリカで発明された**「マス・マーケティング」**のしくみと**「チェーンストア理論」**の影響を受け、「同じ種類、品質のものを大量に仕入れて販売し、欠品をしてはいけない」という考え方が広まったためです。こうした考え方に基づいて、総合的な品ぞろえを行ない、かつ同じ商品を大量に仕入れて価格を安くして販売する総合スーパー（GMS）の業態が発展しました。

しかし、その後、経済が成熟して、従来のアメリカ型のマスを対象にしたマス・マーケティングの手法だけでは多様な消費者のニーズをつかむのは難しくなってきました。同じ商品を大量に売り続けるマス・マーケティングから**「限定マーケティング」**への逆流が起きているのです。

大規模な小売チェーンは、世界中の調達網を使って最も安く、標準化しやすい商品を仕入れ、規模のメリットを最大限に追求してきました。しかし、**今後は、売上規模が小さくても利益が上がっていくしくみを、どうつくり上げていくかという重要性が増します。**

たとえば、食品業界では、地元の消費者の食生活や嗜好を再確認し、地場の生産者から仕入れた商品を販売するというように、「人と違うものを食べたい」という顧客ニーズに応えて、限定品としてブランド化することで、利益率を高めることができるでしょう。つまり、「**遠くだけではなく、足元を見る**」戦略です。

すでに食品業界を中心に、かつての限定マーケティングの世界に戻る動きが出ています。同じ食物を、年間を通して食べることは確かに便利ですが、季節感や特別感を失います。これに対して、地域も季節も限定した食材は、大きな規模の生産者でなくてもつくることができ、小さな規模の生産者にもビジネスチャンスが到来します。そのような食材の市場拡大とともに、**今後、地域のつくり手と売り手をつなぐコーディネーターの役割も注目されるでしょう。**

「限定マーケティング」は進化する

究極の限定品は、個別に対応するカスタマイズです。日本の国内市場に限定すると、より一層、消費者1人ひとりにカスタマイズした商品が求められるようになるはずです。

実際、衣料品業界では、「ユニクロ」を展開するファーストリテイリングが2016年に入って、2000を超える多様なバリエーションから選べるセミオーダースーツの販売を始めました。

また、マスメディアである新聞やその広告なども技術の進展によって、個人の好みで編集やオンデマンド印刷ができたりするなど、カスタマイズが可能になっています。少子高齢化で国内市場の縮小が懸念されるなか、限定品商法の考え方は、今後の日本の企業、事業者にとって1つの解決策を提示しているのではないでしょうか。

たとえば、トヨタ自動車などのグローバル企業の代表格である大手メーカーでも、日本国内の市場では「限定マーケティング」と「マス・マーケティング」の商品比率が現在の

「1対9」から、遠くない将来、「3対7」、場合によっては「6対4」に逆転するまで上がり、限定マーケティングの重要性が増す可能性もあります。

日本国内の市場だけでなく、アジアをはじめ世界各地の市場で、限定マーケティングは価格戦略、特に利幅を狙うプレミアム価格戦略を立てるうえでカギを握ることになるでしょう。

3-5

冠婚葬祭の引き出物に割高感のあるカタログギフトが選ばれる理由

「贈られる人が『自分で選ぶ楽しさ』を味わうことができるから」と、贈り主が選んだ実物を受け取るより喜ばれるのがカタログギフト。引き出物の場合、自宅に直接届けてもらえるので、結婚式や葬式が終わった後にかさばる荷物を抱えて帰る必要がないというのも喜ばれるポイントです。いまやカタログギフトには、ハウスクリーニングから人間ドックまで、ありとあらゆる商品やサービスがラインナップされています。

では、カタログギフトを発行・販売する会社は、どれくらい儲かるのでしょうか？

■結婚式の引き出物としてカタログギフトを選ぶ贈り主の心理

従来、結婚式の引き出物といえば、砂糖、鍋、食器、タオルケットなどが定番でした。

ところが近年では、カタログギフトが主流となっています。現代の日本の家庭の多くでは、衣食住すべてにおいてモノはひと通りそろっています。

高度成長期は、メディアで話題になったモノや、気の利いためずらしいモノを贈れば喜ばれたものでしたが、人々の価値観が多様化しています。相手がほしいと思っているモノを選ぶのは、いまや至難の業。贈り主が商品を決めるのではなく、もらい手がほしいモノを選べるカタログギフトに人気が集まるのもうなずけます。

ただ、8000円コースのカタログギフトでも、デパートに行けば5000円くらいで買えそうなモノが載っていることも——。そうなると、「カタログに載っている商品って、本当はもっと安いんじゃないの？」という気にさえなります。

このように、カタログギフトには割高感があるのに、なぜ贈り主はわざわざカタログギフトを引き出物に選ぶのでしょうか？

引き出物に限らず、お中元やお歳暮でも、自分がほしくないモノや好みに合わないモノをもらった場合、「こんなモノをもらってもなぁ……」と思ってしまうことがあります。

その点、カタログギフトなら、「センスが悪い」「好みじゃない」と思われる精神的なリスクを回避できます。**カタログギフトの贈り主は、「プレゼント選びのときの失敗を回避する」という付加価値にお金を支払っているわけです。**

■カタログギフト会社ならではの必要経費とは？

では、カタログに掲載されている商品のコストと利益率を試算してみましょう。

たとえば、定価1万円のギフト商品の場合、仕入原価は6000～7000円程度です。カタログギフトを販売している会社はギフト専門問屋から発展したケースが多く、メーカーとのパイプが太いため、一般の小売店よりはかなり安く仕入れることができます。

一般的に、長期の保管が難しい生鮮食品は、廃棄ロスが発生するリスクがあるので仕入原価は低めになり、鞄や財布などの小物は在庫リスクが小さいため、仕入原価が高めになります。そして、1つのギフト商品を配送する物流コストは1000円弱かかります。

その他にかかる費用は営業費とカタログ製作費です。カタログギフト会社は自社でカタログを直販するだけでなく、百貨店、結婚式場、葬儀屋などにカタログを販売してもらっています。

こうした販売チャネルを確保できるかどうかが、カタログギフト会社の売上を左右します。そのため、チャネル確保の営業費が結構かかります。それに加えて、商品を美しく見せるカタログづくりにもかなりの経費が必要になります。

さて、それらを差し引くと、粗利益率は10～20％ぐらいだと推定されます。意外に厳しい商売だといえます。

■エステや人間ドックなどの体験型ギフトも登場

ギフト市場は約10兆円といわれ、そのうちカタログギフト（商品券を含む）の市場は1・2兆円に達しています。ただし、必ずしも将来の見通しが明るいわけではありません。安定的な売上があった法人のギフト需要が縮小しているからです。現在では、個人需要に頼らざるを得ない状況になっています。となると、これからは個人の多様なニーズにどう応えて、値ごろ感のある価格をつけていくかが、ギフト市場における生き残りのカギになります。

カタログギフト会社も危機感を持っていて、最近では、旅行、有名レストランでの食事、

◉体験型ギフトの例（ソウ・エクスペリエンス体験型ギフト）

■ジャズギター体験 「For2カタログGreen」	10,500円（税別）
■ハウスクリーニング 「総合版カタログGREEN」	10,500円（税別）
■肥満遺伝子検査 「総合版カタログRED」	20,500円（税別）
■ゴルフレッスンチケット 「総合版カタログSILVER」	50,500円（税別）

出所：ソウ・エクスペリエンス株式会社のホームページの情報（2019年５月現在）をもとに作成

エステや人間ドックなど、**「モノ」の枠を飛び越えた「コト」にもチャレンジした「体験型ギフト」に取り組んでいます。**ちなみに、人気の体験型ギフトは、上の表のとおりです。

モノ以外に、「体験」を贈るカタログギフトが人気なのは、「自腹を切ってまでは進んでやりたいとは思わないものの、他人からもらったらやってみたい」というニーズが多いためです。

■ギフト市場にネットを活用する

最近のネット販売に慣れた利用者からは、「もっと品数を増やしてほしい」「季節ごとや流行の旬のアイテムをタイムリーに提供してほしい」という要望が出てきました。

ところが、カタログギフトは印刷物なので、掲載できるアイテムには限りがあります。それに、一度印刷してしまえば、次の改訂までの半年間から1年間は、新しいアイテムを加えることができません。そこに、新たなビジネスチャンスが生まれています。

カタログギフト最大手の**リンベル**（東京都中央区、東海林秀典社長）は、贈る側・贈られる側双方の不満や課題を集約して、自由に使えるギフトポイントを贈る新商品「リンベル　スマートギフト」を開発しました。

そのしくみは、次のとおりです。使い勝手が良いオプションが用意されています。

①　サイトには、厳選多彩なアイテムが随時1万点以上掲載され、希望のモノやコトを自由に選ぶことができる

②　贈られたカタログギフトのポイント数（金額）に、クレジットカードで自分のお金を加算したり、航空会社のマイルのポイントを上乗せしたりできる

③　複数のカタログギフトのポイント数を合算したり、高額のカタログギフトの場合は、分割して複数のモノやコトに換えたりすることもできる

④ 全国百貨店の共通商品券や各種クレジットカード会社などの商品券やギフトカードにも交換できる

リンベルのカタログには、「リンベル　スマートギフトカード」が同封されています。同社のスマートギフト専用サイトにアクセスして、カード番号とPIN番号を入力すれば、カタログに掲載されていない期間限定のおすすめ商品をはじめ、約1万点ものバラエティに富む選択肢の中から自由に商品やサービス（モノやコト）を選ぶことができます。

このリンベルの事例は、カタログギフト市場において、多様な顧客のニーズに対応しつつ、ネットとポイントの特性をうまく活用した価格戦略の好例だといえるでしょう。

なお、ポイントについては、4-5（227〜231ページ）、4-6（232〜236ページ）、5-4（265〜269ページ）でも詳しく解説します。

3-6

「追加オプション」と「料理」で稼ぐウェディングビジネス

「晴れの舞台を感動的に演出したい！　でも、先立つものが……」。結婚を控えたカップルにとって気になるのは、やはり結婚式や披露宴の費用でしょう。

「一般的に結婚式や披露宴にいくらぐらいかけているのか？」「結婚式や披露宴をリーズナブルに済ませるとしたら、どの部分を削ればいいのか？」といった結婚を控えたカップルの疑問にも答えながら、ウェディングビジネスの裏側を探ってみましょう。

■結婚式費用の相場はいくらか？

人生の一大イベントともいえる結婚ですが、その結婚式および披露宴にかかる費用の平均は、首都圏では３７２・４万円です（２０１７年９月の結婚情報誌『ゼクシィ』参照）。

再婚組や家族婚が増えているので地味に結婚式や披露宴を行なうカップルが多いと私は思い込んでいましたが、最近でも意外にお金をかけているらしいのです。

面白いのは、47都道府県で結婚式に最もお金をかけているのが、福島県で399・3万円です（同誌参照）。

以下、ウェディングビジネスのしくみについて解明していきましょう。

ウェディングビジネスの儲かるしくみ

ウェディングビジネスのしくみは、お葬式の場合とよく似ています。葬式では棺をグレードアップすると一気に費用が膨らむように、結婚式とセットで行なわれる披露宴（パーティも含む）も**追加オプションで利益を上げているの**です。たとえば、某式場の場合、音響のグレードアップで7万円、ビデオ撮影で15万円。このようにオプションを加えていくと、あっという間に300万円を超えてしまいます。

こうなると、オプションを我慢すれば節約できると考える人も多いでしょう。しかし、そうは問屋が卸しません。じつは、挙式費用の多くを占めるのは「料理」なのです。たとえば、首都圏の場合、1人当たりの料理・飲み物の費用が1万9700円、招待客数が63人とすると、総額で122・1万円が相場になります。これは結婚式・披露宴の費用全体(372・4万円)の3割強に当たる金額です(結婚情報誌『ゼクシィ』のホームページ「結婚のお金　結婚式費用の相場」参照)。したがって、オプションのほかに、料理がウェディングビジネスの収益の源泉といえるのです。

そもそも、料理・飲み物の費用が1人当たり1万9700円という相場は割高な気がしますよね。食材から推測すると、原価は高くても8000円程度でしょうから、一般的なフレンチレストランの原価率(利益率)と変わらないと思います。ちなみに、この価格で済んでいるのは、料理がフレンチになるケースが多いからです。

披露宴では一度に大人数に料理を提供する必要があるので、和食でお刺身などの生ものを出すと、食材や鮮度の管理にコストがかかってかえって割高になります。そう考えると、洋食のフレンチスタイルはお客側も事業者側も妥当な選択だといえるでしょう。

なお、少し話が脱線しますが、「せっかく招待したゲストに出す料理なので、グレードを落としたくない」という人も多いようです。その場合、どう節約するかというと、招待客の数を絞ることになります。

3-7 モンドセレクションやグッドデザイン賞は価格アップにつながるのか？

「モンドセレクション金賞受賞だから、美味しいはず！」「宮内庁御用達ってことは、いいモノに違いない！」――。いわゆる**「お墨付きマーク」**があると、商品がより一層魅力的に見えてくるものですよね。

「モンドセレクション」は品質認証マークで、「宮内庁御用達」は宮内庁に納入・献上される商品やそれを扱う業者を指す表現です。

どちらも、お墨付きの印なのですが一体、どれくらい売上や利益に結びついているのでしょうか？

本節では、お墨付きマークと値づけの関係について解明したいと思います。

「お墨付きマーク」の威力

身のまわりを見渡すと、モンドセレクションの受賞マークが付いている商品が結構あります。商品の目立つところに、このような「お墨付きマーク」が付いているのは、メーカーがその品質の優位性をアピールしたいという側面もあるのでしょうが、そういった**お墨付きマークには販売数（売上）を伸ばす効果がある**からです。

かつて、サントリーの『ザ・プレミアム・モルツ』は、モンドセレクションで最高金賞を受賞した途端に爆発的に売れ始め、その翌月には生産が追いつかず、販売を一時中止しています。これは極端な例ですが、同様の効果があると考えられているからこそ、企業はこぞって認証マークを取ろうと努力しているのです。

ミネラルウォーターにお墨付きマークを付ければ1本10円以上高く売れる？

お墨付きマークには、販売数だけでなく価格を上げる効果もあります。

たとえば、モンドセレクションで最高金賞を受賞した無名ブランドの某ミネラルウォーターの価格は、１本（５００㎖）１３０円で、国内大手メーカーのミネラルウォーターのメーカー希望小売価格１２０円を10円上回っています。

認知度が低いのに高い価格で販売できるのは、「モンドセレクション最高金賞受賞」という実績がブランド力の弱さを補ったからです。別のいい方をすれば、モンドセレクション最高金賞受賞というブランドには、「消費者の認知度向上」や「セールス拡張」などの効果があり、１本10円以上の価値があるということです。


このように、売れ行きや単価に影響を与えるお墨付きマークですが、そのしくみや費用はマークによって違います。

食品分野でよく見かけるモンドセレクションは、ベルギー政府の認可機関が開催するコンテストです。食品や飲料の審査料は、１製品につき１２００ユーロ（１ユーロ＝１３０円とすると15万６０００円）です。品質や味覚など、各項目の点数によって最高金賞、金賞、銀賞、銅賞の４段階の賞が与えられます。賞ラベルは、認定後の３年間使用することができます（「モンドセレクション」ホームページ参照）。

工業製品では、公益財団法人日本デザイン振興会が主催する「グッドデザイン賞」が有名です。いわゆる「Gマーク」と呼ばれるもので、家電や自動車などの工業製品、住宅をはじめとした建築物などの「良いデザイン」に与えられます。

このGマークの応募から受賞までにかかる審査費用は、一次審査料が1万800円、二次審査料が5万7240円、受賞パッケージ料（受賞展出展料や受賞年鑑掲載料など）が15万9500円で、合計22万7540円です。受賞を示すGマークの使用料として、さらに年間22万円～110万円かかります（公益財団法人日本デザイン振興会「2019年度グッドデザイン賞応募ガイド」参照）。

どちらもコストはそれなりにかかりますが、モンドセレクションの応募総数が年間2820点（2018年度）、グッドデザイン賞の応募が年間4789件（2018年度）ということからもわかるように、企業サイドは、費用以上のPR効果を期待しています。

■「宮内庁御用達」表示は業者の自主判断？

日本における究極のお墨付きといえば、「宮内庁御用達」でしょう。

ところが、宮内庁が業者に公式に認可を与えていたのは1954年までです。それ以降は、宮内庁御用達という認証制度は存在せず、献上や納入実績の公表は、納品業者の自主的な判断に委ねられています。

「宮内庁御用達」というお墨付きは、狙って得られるものではないだけに、それだけ希少価値は高いといえます。しかし、品位を考えると派手な宣伝ははばかられるところかもしれません。

いずれにしても、お墨付きマークによって、お客の購買心理をくすぐることができるのは確かです。自社商品のブランド戦略に合わせて、値づけにうまく活用したいものです。

Chapter 3 のまとめ

値づけの思考整理ノート③

- ✓ 品質の高さやブランド力に自信があれば、「売り切れ御免」のネット販売を行なうことによって、買い物競争を誘発し、需要を伸ばせたり、価格を高騰させたりすることができる場合もある。

- ✓ ランニングのように、一見、お金がかからないと思えるものでも、富裕層のニーズ（お困りごと）をうまく捉えれば儲かるビジネスとなり得る。

- ✓ 日本国内では「安くて品質が良い」というイメージの商品でも、「世界統一価格」を打ち出し、海外の物価が安い国で、ボリュームゾーンの顧客をターゲットにすれば（実質的に）高く売れるケースもある。

- ✓ 「限定品商法（限定マーケティング）」には、①期間限定、②数量限定、③地域限定、④チャネル限定、⑤顧客限定の5つのタイプがあり、いずれもお客の心をくすぐって購入意欲を高める「ティージング」効果がある。顧客ターゲットを絞り、限定品としてブランド化できれば、価格を高く設定することによって、売上規模が小さくても利益を上げることができる。

- ✓ モンドセレクションやグッドデザイン賞などのお墨付きマークには、消費者へのPR効果やセールス拡張の効果だけでなく、商品単価を上げる効果もあり、ブランド戦略およびプレミアム価格戦略に活用できる。

Chapter 4

価格の心理戦略

～お客の心理を操作する値づけの思考法

4-1

牛丼屋が牛丼のサイズの種類を増やすと売上が伸びる？

２００３年末に発生したアメリカ産牛肉輸入問題、いわゆる「ＢＳＥ問題」をきっかけに、牛丼チェーンの売上は一時的に大きく低迷しました。

吉野家に至っては、主力商品である牛丼が提供できなくなるという緊急事態に陥ったのです。松屋・すき家は、牛丼以外にも定食メニューがあったことと、ＢＳＥ問題とは無関係のオーストラリア産牛肉を輸入することで牛丼の販売をどうにか継続できたので、吉野家ほどのダメージを受けずに済みました。

このように、一時は深刻な危機に直面していた牛丼チェーンですが、その後数年間で売上も人気も回復しています。

肉の品質や味を落とすことなく、お客を満足させた牛丼チェーンの価格戦略とはどんなものだったのでしょうか？

■牛丼のサイズのバリエーションを増やす価格戦略

数年前から、牛丼チェーンの牛丼のサイズのバリエーションが増えています。現在、次ページに示したように、松屋の牛めし（牛丼）は「ミニ盛」「並盛」「大盛」「特盛」に「あたま大盛」を加えた計5種類、すき家の牛丼は「ミニ」「並盛」「中盛」「大盛」「特盛」「メガ」の6種類、吉野家の牛丼は「小盛」「並盛」「アタマの大盛」「大盛」「特盛」「超特盛」の6種類となっています。

どの牛丼チェーンも、以前は「並盛」と「大盛」しかなかったはずですが一体、なぜ牛丼のサイズを増やしたのでしょうか？

じつは、**サイズのバリエーションを増やすと、客単価が上がる**のです。その背景をお話ししましょう。

まず、大きいサイズの牛丼に対してお客は、**並盛を2つ注文するより、特大サイズを1つ注文するほうが割安な価格だとお得感を感じる**のです。

つまり、店側の視点でいえば、並盛1つでは物足りない若い層の**客単価アップを狙える**

◉牛丼チェーン大手３社のサイズと価格の比較

松屋	ミニ盛280円　並盛320円　あたま大盛390円 大盛430円　特盛550円
すき家	ミニ290円　並盛350円　中盛480円 大盛480円　特盛630円　メガ780円
吉野家	小盛360円　並盛380円　アタマの大盛り480円 大盛550円　特盛680円　超特盛780円

※上記価格は税込
※各店舗によって、取り扱いメニューや価格が異なる場合がある
出所：各社ホームページの情報（2019年５月現在）をもとに作成

のです。たとえば、すき家の場合、「並盛」は３５０円で、肉の量が約3倍の「メガ」は７８０円。３杯分の肉の量でありながら、価格が2杯分強ならお得感があるでしょう。

ここで、「そんな価格では利益率が下がって儲けが減るのでは？」という疑問を抱く人のために補足しておきます。

お客からは割安に見えても、３杯分を1回で提供できればオペレーションコストが下がるため、利益率はそれほど大きく変わりません。また仮に、**利益率が多少下がったとしても、客単価が上がれば売上が増えるので、大きなサイズを注文するお客が増えれば増えるほど、お店は儲かる**というわけです。

■小さいサイズの牛丼も「バンドリング」で客単価アップ

大きいサイズの牛丼が客単価を上げることについて理解できたら、さらに「小さいサイズの投入はメリットがあるのだろう

か？」という疑問が湧きますよね。これについては「**女性客**」の存在と「**バンドリング**」（セット販売）が関係しています。

近年、女性客も気軽に牛丼店を利用するようになりました。ただし、男性に比べて少食でヘルシー志向の強い女性客にとって、牛丼の並盛とサラダの2点では量が多すぎるのです。そんなわけで、サラダの注文をやめて、牛丼（並盛）だけを注文するケースが目立っていました。

そういった女性客のニーズをとらえて登場したのが、牛丼の小さい「ミニサイズ」です。これだけだと客単価は下がりますが、小さいサイズなら、これまであきらめていたサラダもセットで注文できます。つまり、小さいサイズの牛丼の投入は、サラダと**バンドリングすることによって、価格に敏感な女性客の財布の紐を緩ませることができ、客単価アップを狙える**のです。

ちなみに、価格を比べると、すき家の「並盛」は前で述べたとおり350円ですが、牛丼の「ミニ」290円に、「サラダ」140円・「ポテトサラダ」180円・「オクラサラダ」180円のいずれかをプラスすると、430円あるいは470円となります。

お客の満腹感はそれほど変わらずに、客単価は80円あるいは120円もアップします。

まさにバンドリング効果です。

■牛丼チェーンのお客のニーズは肉の産地よりも安さ

激化する牛丼戦争で、やや遅れをとっていたのが吉野家。吉野家のキャッチフレーズは「うまい、やすい、はやい」でしたが、いま消費者が牛丼チェーンに求めているのは、「やすい、やすい、やすい」といえるでしょう。

BSE問題が発生したときに、吉野家は品質（肉の産地＝アメリカ）にこだわるあまり、値下げのタイミングが遅れて客離れを引き起こした感があります。長年にわたって消費者にデフレ感覚が浸透し、財布の紐が固い消費者が多い、いまの日本では、安さが最優先されるので、安さを実現したうえで、利益率の低下をカバーする戦略が求められます。

牛丼の各種サイズの投入は、安さを前面に出したうえで、客単価増を狙う一挙両得の「価格の心理戦略」といえます。ほかの業界でも、ぜひ参考にしてほしいと私は考えています。

値づけ思考を強化する

豆知識

牛丼チェーンが抱える労働問題と原価高騰

牛丼業界の最近の課題は、従業員の労働環境と原材料費高騰への対応です。

2014〜2015年に「すき家」を運営するゼンショーホールディングスは、創業以来の赤字に転落しました。その引き金となったのは、景気の浮揚感とともに人手不足が深刻化したことです。

同社グループでは、時給をアップしても、もはや人材を確保できない状況に陥りました。特にすき家では、夜間の「**ワンオペ**」（ワンオペレーション：1人の従業員ですべての作業を行なわせるオペレーション）による強盗被害が相次ぎ、社会的に問題視されました。すき家では、夜間のオペレーションの改善に取り組まざるを得なくなり、最大1254店舗で深夜営業ができない事態に追い込まれたのです。

それに加えて、アベノミクスにより進んだ円安が、原材料費の高騰につながりました。過去において功を奏していた店舗を増やして売上を伸ばしてきた「規模の拡大」が一転して、コスト増加の要因となってしまったのです。

しかし、その後の人員確保による深夜営業の再開やコスト削減、そして**「巧みな値上げ」**により、苦戦が続く吉野家に対して、すき家（ゼンショーホールディングス）の業績は回復してきています。同社の既存店の対前年月次売上は、２０１８年６月以降、10カ月連続で増加しています（２０１９年3月現在）。

ちなみに、すき家は２０１７年11月に牛丼の値上げに踏み切っていますが、客足が遠のく影響を考慮して、牛丼並盛の価格は３５０円で据え置き、大盛を10円値上げして４８０円、特盛を50円値上げして６３０円とするとともに、セットメニューを最大40円値上げしています。つまり、人件費高騰にともなうコスト増加という状況のなかで、**一律に値上げを実施したのではなく、客数、客単価の減少を抑えるように商品ごとに価格を調整していた**わけです。

やはり、**「会社の儲けは値づけ（価格戦略）の巧拙で決まる」**といえるでしょう。

4-2

お客を「待たせすぎ」ても「待たせなさすぎ」ても儲からない

「お客を待たせない」というのは、企業にとって重要なサービスの1つです。

セブン-イレブンなどのコンビニで、レジに2人以上並ぶと、フロアでほかの作業をしている別の店員が、すぐに応援に入って隣の空いているレジを開けるのを見たことがありませんか？

ところが、「待たせるとお客がイライラするから、常にできるだけ早く対応する」ことがいつも正解かといえば、そう単純な話ではありません。店の前に長い行列ができているのは、その店が繁盛しているサインだともいえます。

業種によって「お客の待ち行列」には適当な長さがあるのです。

お客を待たせる時間が1秒長くなると売上はどうなるか？

あなたは、商品が出てくるまでの待ち時間はどれくらい気になりますか？

「急いでいるとき以外はそれほど気にならない」という人が多いと思いますが、じつはその待ち時間が売上に大きな影響を及ぼしているのです。

マクドナルドでは、「カウンターで注文を受けてから、どんなに遅くても3分以内に商品を提供する」というルールがあります。実際に、**商品提供までの時間を1秒短縮するだけで売上が8億円増える**ともいわれています。果たして、その理由は何でしょうか？

待ち時間が長いと店頭に「**客溜《きゃくだ》まり**」（待ち行列）ができます。そうなると、急ぎのお客があきらめて帰ってしまい、販売機会を失ってしまいます。飲食業界やコンビニ業界では、これを「チャンスロス」（売り損じ：本書の73ページ参照）と呼んでいます。その待ち行列に並んだお客の満足度も下がり、再来店率（リピート率）がどんどん落ちていきます。**チャンスロスの発生と顧客満足度の低下によって、長い待ち時間は二重の意味で売上を減らす**のです。

「そうはいっても、たった1秒で8億円も差が出るというのは、いささか大げさな話なのでは？」と思ったかもしれません。日本マクドナルドホールディングスの売上は、年間約5242億円（2018年12月期）です。したがって、売上にして0・15％、客数換算で2000人に3人が逃げると、8億円の減収になる計算です。1秒の遅れで2000人に3人が立ち去るということは、十分にあり得るリアルな話だと思います。

「1秒につき売上が0・15％落ちるくらいなら、たいした影響はない」という考えは、非常に危険です。1秒の遅れが10秒、30秒……と積み重なって1分になると、売上は9％落ちます。客数にすると、11人に1人は減る計算になります。店員が接客などでモタモタしている間に、お客はどんどん逃げていってしまうのです。

私は、マクドナルドの店頭で何度も、お客の待ち時間（注文から品出しまでの時間）を観察したことがあります。待ち時間の平均は2分30秒でした。この平均待ち時間は、どの店舗のどの時間帯でもほとんど変わりませんでした。

つまり、「3分ルール」がマクドナルドのクルーの基準値となっているのでしょう。そして、**3分間という時間が、お客が行列を待たずに店を立ち去る分岐点**なのです。

■行列は長すぎても、短すぎても儲からないのはなぜか？

待ち時間は店頭販売の敵だといえます。一方で、待ち時間がまったくない場合はどうでしょうか？

私は、デパ地下などで惣菜を販売している「ロック・フィールド」（「ＲＦ１」や「神戸コロッケ」を運営）で、お客の行列と購入率を調べたことがあります。ＲＦ１の店舗で**最も購入率が高かったのは、レジ1台当たりの待ち人数が1・5人のとき**でした。

待っている人数が２人を超えてしまうと、並ぶのをあっさり敬遠して通りすぎてしまう人が増えます。ここで皆さんは、「待ち人数ゼロのほうが購入率は上がるのでは？」と疑問に思うはずです。なぜ、行列は１・５人が最適なのでしょうか？

それは、客溜まりには「行列ができる店は美味しい」という印象をお客に与えたり、「何の店だろう？」と注目を集めたりする効果があるからです。すなわち、**お客がまったく並んでいない状態では、その店は繁盛していないことを示す**ことになります。むしろ、**顧客満足度を落とさない程度に、ある程度の長さの行列をつくったほうがいい**のです。

■牛丼チェーンの券売機に隠された仕掛けとは？

お客の待ち時間を短縮するには、大きく分けて2つの方法があります。**あらかじめ商品をつくり置きするか、オペレーションを効率化して商品を出すスピードを上げるか**のどちらかです。

前者の商品をつくり置きする対応では、お客の待ち時間は短縮できますが、商品の鮮度が落ちたり、廃棄ロスが生じやすくなったりして、全体としては利益率を下げることになります。一方、後者の作業効率（オペレーションの生産性）を高める対応を行なえば、コストが低下します。その結果、利益率も上がります。お客の待ち時間を短縮するためには、いかにして作業を効率化するかがポイントになるというわけです。

飲食店や小売店は、お客の待ち時間の短縮化を目的として、店舗の作業効率を上げるための様々な工夫をしています。たとえば、牛丼チェーン（すき家や松屋）や立ち食い蕎麦店などに設置されている自動券売機は、人間を仲介させない情報システムの役割を果たしています。これも、安売りしても利益を出すためのコスト削減に寄与しています。

近年、こうした店舗では、お客が券売機で注文ボタンを押すと同時に、厨房内のモニターに注文された料理が表示されるようになっています。このように、店員が券を取りにくる前に、キッチンでは調理を開始することができるしくみになっていることが多いのです。

また、スシローなどのような回転寿司チェーンでは、店外からスマホで事前予約ができます。この順番待ち受付システムは、店頭での混雑を解消するための工夫の1つです。

ちなみに、牛丼チェーンの吉野家では、注文してから料理が出てくるまでの時間を1分以内、ラーメンの幸楽苑では8分以内を目安にしています。

混雑具合によって多少の変動はあるでしょうが、企業がこうした目安を設けるのも、お客の待ち時間短縮による売上増（回転率の向上）の効果が大きいからです。

まさに「**時は金なり**」ですね。この「時間＝コスト」という意識は、値づけを思考するうえでもとても重要です。

あなたの会社の儲けを最大化するためには、Introductionの0-5で説明した「値づけの基本方程式」（36～37ページ参照）に基づき、商品単価（サービス単価）と客数の掛け算の値が最大になるように、お客の待ち時間を最適に設定する必要があるのです。

4-3 本当に売りたいグレードの魅力を高める自動車メーカーの工夫

近年、「**若者のクルマ離れ**」が話題になっています。また、カーシェアリングなどのサービスが登場して、各社とも日本国内の販売台数は海外での販売に比べると低迷しています。世界的に見て日本の自動車メーカーは健闘していて、小型車や軽自動車の売れ行きは比較的堅調に推移しています。しかし、低価格帯の小型車や軽自動車などが売れてもメーカーの儲けは高級車ほど大きくはありません。

そこで、自動車メーカーが考え出した対策とは何でしょうか？

■少しでも高いモデルを売るための「グレーモデル」という仕掛け

自動車は滅多に買わない高額商品です。

根っからのクルマ好きという人はさておき、ふつうの人にとっては少しでも安いものを選びたいところでしょう。

でも、一番下のグレードだと少し物足りないと感じる人も多いはずです。

そう考えてワンランク上のグレードを選ぶと、じつはメーカーの思惑に乗せられてしまったことになります。

自動車メーカーが本当に売りたいのは、音質の良いオーディオやスムーズな操作性のパワーウインドウなどを装備した高いスペックの自動車です。ただし、それなりに装備されたスペックの自動車を一番下のグレードに位置させると、上級のグレードの自動車が売りにくくなります。なぜなら、お客がグレードごとの比較をしなくなるからです。上級グレード車の相対的な魅力が薄れてしまうのです。

そこで、各メーカーはひと工夫を凝らしています。カタログ上で、「**グレーモデル**」と呼ばれるワンランク下のモデルをあえて比較対象として用意するのです。「**魅力効果**」と呼ばれる消費者心理を利用して、**本当に売りたいグレードの自動車の魅力が際立つように演出しているわけです。**

寿司屋のメニューに「松・竹・梅」を残している理由

こういった消費者心理は、寿司屋の「松・竹・梅」と同じですね。多くの人は、中身（具材や数量など）をよく確認することなく、真ん中の「竹」を注文します。それは、「梅よりはマシ、でも松は高すぎるよね」という心理が働くためです。

店側はそれを見越して、そんなに注文されない「梅」を、あえて「下位等級の商品」（グレーモデル）としてメニューに残しているわけです。

ところがここ数年、あらゆる業界で、単なるダミーにすぎなかったグレーモデルに大きな異変が起きています。消費の冷え込みとともに、価格の安いグレーモデルの人気が上昇しているのです。メーカーが売りたいのは利幅の大きいグレードの高い商品ですが、かつては「**見せ筋商品**」にすぎなかったグレーモデルも、いまや大切な収益源です。

他業種のメーカーも、以前より積極的にグレーモデルの販売を展開しています。

自動車を1台売ると3回儲かるしくみ

日本国内の自動車の販売台数が伸び悩むなかで、注目されているのが点検や整備、純正部品販売などのサービス分野です。サービスはディーラーが担いますが、日本の場合、基本的にはディーラーはメーカーごとに系列化されています。つまり、メーカーとディーラーの結びつきが強いため、グループ全体で見ればサービス分野でかなりの利益が見込めるのです。

新車を購入したユーザーが、メンテナンスを正規ディーラーに依頼する回数は平均2回です。つまり、**自動車メーカーは自動車を1台売ると3回儲けるチャンスがあるわけです。**自動車保険や交換部品もディーラー経由でお客から依頼を受けているので、新車販売の利益の数倍に相当する利益が新車関連のサービスから生まれています。

高級車が飛ぶように売れた時代では、サービスより自動車本体を売った利益のほうが断然大きかったのですが、前述したように利幅の小さいグレーモデルが売れる現在では、1台当たりの利益は、自動車本体の販売より、むしろ関連サービスのほうが大きくなってきています。

■「ゼロックスモデル」と「マイクロソフト商法」

こうした利益の生み出し方は、自動車販売以外にも、「**キャプティブ・プライシング**」といわれる値づけ（価格戦略）として知られています。

具体的には、プリンターを安く販売しておいて、純正のインクカートリッジの販売で利益を得るやり方や、割安なスマホ本体の販売利益よりも、通信料などのサービスによる収益が圧倒的に高い例などが挙げられます。

ＯＡ機器メーカーのゼロックスは、コピー機を低料金でリースして、消耗品の紙やトナーで利益を上げました。このように保守や補充品で利益を上げる手法は「**ゼロックスモデル**」と呼ばれています。今後、自動車メーカーも、「安い自動車でシェアを確保し、サービスで儲ける」という戦略をますます強めていくはずです。

ちなみに、ゼロックスモデルと対極にあるのが「**マイクロソフト商法**」です。

マイクロソフトは、自社製のパソコンに、あとからでも追加できるブラウザやソフトを最初からタダ同然で搭載することで、利益率の高い、つまり高価格のＯＳを普及させて成長しました。

商品の本体で儲けるにしろ、保守や補充品（付属品）で儲けるにしろ、企業がどちらか一方で利益を出すのは難しい時代です。**本体だけで商品の価値を判断するのでなく、保守や付属品のトータルで商品選びをする賢い消費者が増えている**のです。

ここで紹介したような消費者行動の変化についても、値づけを思考するうえで押さえておきたいポイントです。

4-4 「ご一緒に○○はいかがですか?」で追加販売を行なう効果

「景気が回復している」というマスコミ報道があっても、回復のスピードが非常に遅いことや、賃金の伸びが鈍いことなどを理由に、消費者は景気回復を実感できていないようです。その影響で、消費者の財布の紐はなかなか緩みません。

では、どうしたら「買いたい」と思ってもらえるのでしょうか?

また、経済環境が厳しいときでも客単価を上げる方法はあるのでしょうか?

極めてシンプルで、かつ効果的な手法を以下で紹介します。

飲食店でよく聞く「もう一品いかがですか?」の効果

それは、「**追加販売**」(関連販売)という手法で、「**クロスセル**」とも呼ばれます。

各企業の売上で大きなウエイトを占めるメインの商品に加えて「もう一品」の購入を勧める手法としては、かつてのマクドナルドの「ご一緒にポテトはいかがですか?」というフレーズを連想する人も多いでしょう。いま、この手法が様々な業態に広がって定着しています。

コンビニでは、会計の際にレジで「本日は肉まんが(チキンが)お安くなっていますがいかがですか?」と声をかけられたり、弁当やおにぎりと一緒にペットボトル入りのお茶を買うと合計金額から割引されたりします。こうした販売強化キャンペーンが盛んに行なわれています。ファミレスでも、食事のメニューと一緒に、味噌汁やドリンクバーなどを注文すると、割引になるサービスがあります。

また、新幹線の車内販売(2018年に一部の路線で終了)で、320円のコーヒーを注文すると、「パウンドケーキもご一緒にいかがですか?」と、「もう一品」を勧められることがあります。単品で200円のパウンドケーキが、コーヒーと一緒なら40円引きになるという追加販売です(上記の各商品の価格は2018年7月時点の価格)。

「さほど高くはない商品を40円も値引きしてしまったら損をするのでは?」と心配する

人もいるかもしれませんが、そんな心配は無用です。

追加で割引販売しても、原価を割らない限り、企業が損をすることはありません。

■追加販売はどれくらい儲かるか？

では実際に、追加販売を行なうと、どれほど売上が増えるものなのか、新幹線の場合を例に見てみましょう。次に紹介する内容は、かつて「山形新幹線のカリスマ販売員」と呼ばれた齋藤泉さんから伺ったお話に基づくものです。

コーヒーの販売時に販売員が声がけをして「もう一品」を勧めると、4人に1人が追加でパウンドケーキを購入するのだそうです。ということは、追加購入を勧める場合の平均客単価は、「コーヒー1杯（320円）＋ケーキ（160円）÷4」で360円になります。追加購入を勧めなかった場合の客単価はコーヒー1杯（320円）のみですから、販売員が一声かけるだけで売上が約12・5％（≒40円÷320円）増えると計算できます。

なぜマクドナルドの店員が追加購入を勧めるのはフライドポテトなのか？

ただし、追加販売で企業が得をするためには、ある条件が必要です。「追加購入をお客に提案するたびに接客に手間取ると、ほかにコーヒーを買いたいお客がいた場合、そちらに手が回らなくなって、チャンスロスが発生する」というリスクがあるからです。

割引した利益率の低い商品を売ろうとして、定価で売れる商品の販売機会を逃すようでは本末転倒です。そのため、**追加購入を提案するのは、パウンドケーキのように、あらかじめ個包装（商品を1つずつ個別に包装すること）してあるなど、手間のかからない商品に限られる**のです。

確かに、よく追加で勧められるのは、つくり置きが可能な商品（ファストフードのフライドポテト）や、セルフサービスの商品（ファミレスのドリンクバー）など、オペレーションの負担が少ないものばかりです。売り手側が追加購入を提案する商品の選択は、合理的に行なわれているわけです。

同じ意味で、**追加購入を提案する「時間帯」も重要**です。

飲食店でランチタイムなどの忙しいときに追加購入の提案で余計な手間をかけるのは時間のロスにもなります。どの業種でも、**追加購入の提案はアイドルタイム（忙しくない時間帯）に行なわれているはず**です。

そうなると、「提案する時間がもったいないなら、最初からメニューにセット割引料金を書いておけばいいのでは？」と考える人もいることでしょう。しかし、「セット販売」と「追加購入の提案」（追加販売）では、お客の反応が違います。最初から割引料金が明示されていると、人は論理的に損得を計算して購入するかどうか冷静に判断を下すので、財布の紐は緩まず、それほどセット購入は期待できません。

一方、突然の追加購入の提案では、買う側のお客には心の準備がありません。**お客の冷静な判断を鈍らせますので、衝動買いを促しやすい**のです。対面販売で追加購入をする人が多いのは、こうした理由があるからなのです。

お客の財布の紐が緩まない時代は「もう一品」が流行する

追加購入の提案は、プラスα《アルファ》の消費・購買を促すうえで必須の価格の心理戦略といえます。

デフレ感がなかなか払拭できない状況のなか、多くの業界で、お客の財布の紐を緩めようと値下げが実施されています。このような値下げを行なった場合の客単価と、本節で説明した追加販売の効果を試算してみましょう。

たとえば、食品スーパーで、1人のお客が1回の買い物で「単価200円×10アイテム＝2000円」ほど買ったとします（※）。

すると、商品の単価を180円に値下げした場合、平均客単価は1800円に下がります。客単価を維持するには、180円×11アイテム（平均客単価は1980円）となるように、お客に「もう一品」を勧める追加販売を行なう必要があるのです。

お客の財布の紐が固い時代では、飲食店やスーパーはもとより、様々な業種で、値下げと追加販売を組み合わせる販促手法が繰り返されるでしょう。

※一般社団法人全国スーパーマーケット協会・一般社団法人日本スーパーマーケット協会・オール日本スーパーマーケット協会 の「平成30年（2018年）スーパーマーケット年次統計調査報告書」によれば、1人当たり平均買上点数（アイテム）は平日で9.6点、土日祝日で10.7点、平均客単価は平日で1,860.6円、土日祝日で2,133.2円です。

4-5

共通ポイントカードを導入する価格戦略

Tポイントカード、Pontaカード、楽天ポイントカード、dポイントカードなど、いまやポイントカードは百花繚乱《ひゃっかりょうらん》。財布のカードポケットに入り切らない枚数のポイントカードを持ち歩く人が増えています。

ところで、読者の皆さんは「洋服の青山で買い物をして貯まったポイントをドトールで使ったら、ドトールは損をしないのだろうか？」という素朴な疑問を抱いたことがありませんか？

ここでは、業種の異なる店で共通に使える「**共通ポイントカード**」の儲けのしくみを探ってみましょう。

▩他店でも使える共通ポイントカードのしくみとは?

本節の冒頭に挙げた4種のポイントカードはすべて、業種の異なる加盟店でも共通に使えて、しかもポイントが早く貯まるので、利用者にとっては非常に便利です。ところで、A店で買い物をして貯めたポイントをB店で使ったら、B店は損をしないのでしょうか?

その謎を解くには、まず共通ポイントのしくみを理解する必要があります。

まだ、多くの人にはあまり知られていないかもしれませんが、コーヒーショップや洋服店などといった加盟店は、ポイント運営会社とポイントを売買しています。たとえば、お客がA店で200ポイントを使ったら、A店はお客から受け取った200ポイントをポイント運営会社に売ります。

一方、お客がB店から200ポイントもらった場合、つまり、B店が200ポイントをお客に付与した場合、B店はポイント運営会社から200ポイントを買います。**共通ポイントは、いわば疑似通貨の役割を果たしている**のです。お客がポイントで買い物をしたら、加盟店はそのポイントをあとで現金化しているわけです。

ちなみに、カード会社のポイントを航空会社のマイレージに振り替える場合も、同様な形で現金化が行なわれています。

■ポイント運営会社はどのように儲けているのか？

では、ポイント運営会社はどうやって儲けているのでしょうか？

ポイントが疑似通貨だとしたら、ポイント運営会社はいわば両替商に該当します。

読者の皆さんも海外で買い物をするときに、クレジットカードを使って支払ったことがあると思います。現地のドル建ての請求書が、帰国後にカード会社から送られてくる請求書では円建てに変わっていますよね。そのときの為替取引のしくみと同じなのです。

両替商の手数料のようなものが、ポイント運営会社に入るのです。加盟店にポイントを売るときと買うときに、「**利ザヤ**」（売買時の価格差で生じる利益）が発生しています。その差額手数料でポイント運営会社は儲けているのです。

しかし、ここで新たな疑問が生じます。ポイント運営会社が利ザヤを得ているのなら、加盟店は損をすることにならないのでしょうか？

もしそうなら、加盟店が共通ポイントカードを導入しているのはなぜでしょうか？

共通ポイントカードを導入する理由

加盟店が共通ポイントカードを導入する理由は、意外なところにあります。

それは、**共通ポインドカードからお客の年齢・居住地域・購買傾向などのマーケティングデータを入手できる**からです。もちろん、個人情報保護法の範囲内に限られますが、特にBtoC（一般消費者を対象とするビジネス形態）の企業にとっては、どこの地域で、どんなモノやサービスが売れているのか、どのような人が買っているのかが把握できるだけでも、それらのデータはマーケティング上、とても有効な情報なのです。

さらに、共通ポイントカードを導入すると、「**新規顧客の獲得**」や「**既存顧客の囲い込み**」という効果も期待できます。たとえば、「Tポイントカードのポイントを貯めたいから、どうせなら加盟店でお金を使おう」とお客に思ってもらえるわけです。共通ポイントカードは加盟店が多業種になるほど、新規顧客の獲得や既存顧客の囲い込みの効果が大きくなります。

ただし、それは「**1業種1社**」が条件です。もし、競合するドトールでもスターバックスでも同じポイントカードが使えるとなれば、どちらの店にとってもお客の獲得・囲い込みの効果は半減してしまうからです。

とはいえ、お客の視点で考えると、より多くの店で使えるポイントカードは魅力的なので、企業側が狙う効果が薄れても、ぜひ加盟店を増やしてほしいというのが正直なところです。

ところで、企業（加盟店）サイドで見た場合、「**ポイント還元**」（**ポイントの付与**）**は実質的な値引き**といえます。後述の5-4（265〜269ページ）でも詳しく説明しますが、現金値引きとポイント還元のいずれを選択するべきかについては、特にはターゲットとする顧客の特性（価格に対する心理）によって異なります。

共通ポイントは、そのメリットと自社の顧客をしっかりと認識したうえでうまく活用すれば、値引きの効果を高めて収益を上げるための武器になることは間違いありません。

4-6 ANAの「SKYコイン」と「マイレージ」は似て非なるもの

ポイント、おまけ、割引券など、販売促進のためのツールは様々です。これらの販促ツールは各業種で広く活用されていますが、数年前からは、「**仮想通貨**」を独自に発行する企業が出てきました。

仮想通貨は、従来の販促ツールとは何が違うのでしょうか?

ANAの仮想通貨「SKYコイン」とは?

先ほど述べたように、企業が独自に仮想通貨を続々と発行しています。たとえば、**全日本空輸**(以下、ANA)のコミュニティサイト「ソーシャルスカイパーク」(SOCIAL SKY PARK)では、テーマに合わせて投稿するだけで、「ANA SKYコイン」(以下、

SKYコイン）が25〜100コインもらえるしくみになっています。

貯めたSKYコインは、航空券やツアー商品の支払いに利用できます（10コイン単位。10コイン＝10円＝10マイル）。ただし、SKYコインはANAのサイト上でのみ利用できます。

お金のように使えたり賞品と交換したりできる点では、従来のマイレージと変わりません。それなら、ANAにはすでに「**マイレージ**」があるのに、なぜSKYコイン（仮想通貨）をわざわざ発行するのでしょうか？

マイレージやSKYコインは、広い意味で「**おまけ**」の一種。おまけを分類してみると、ANAがマイレージとSKYコインの両方を発行する理由が見えてきます。

■SKYコインとマイレージの目的の違い

懸賞、付録、ポイントなどのおまけは、次の3つの観点により分類できます。ちなみに、日本語の「おまけ」は、英語では「Premium」（プレミアム）に相当します。

まず、1つ目の分類は、「**即時型**」か「**延期型**」かの区別です。即時型は、アイスキャンディの当たりくじのように、その場でおまけや特典が得られるものです。一方、延期型は、スタンプサービスのように、継続して貯めていくおまけです。ＳＫＹコインなどの仮想通貨もマイレージも延期型に分類されます。

２つ目の分類は、「**付加価値型**」か「**値引き型**」かの区別です。付加価値型は、非売品のグッズがもらえたり、特別なイベントに招待されたりするなど、プラスαで獲得できるものです。これに対して、値引き型は、その会社の商品やサービスが本来の価格より安くなったり、タダで提供してもらえたりするものです。仮想通貨もマイレージも値引き型に分類されます。

３つ目の分類は、「**オープン型**」か「**クローズド型**」かの区別です。オープン型は、誰でも応募できるものです。一方、クローズド型は、対象となる企業の商品やサービスを購入するなど、一定の条件を満たした顧客を対象にするものです。

ＳＫＹコインなどの仮想通貨は、誰でも利用できるオープン型です。一方、マイレージは、飛行機に乗った人や関連ショップで買い物をした人を対象にしているので、クローズド型になります。

クローズド型は、顧客になった人に顧客でいてもらい続けることが目的です。つまり、リピーターを獲得するために、顧客の忠誠心に対してのご褒美の意味があります。それに対して、オープン型は、まだ利用していない人と接点をつくることが目的です。

したがって、**ANAは、新規顧客の開拓のためにSKYコインを、既存顧客の囲い込みのためにマイレージを発行している**のです。

似たようなサービスですが、目的が違います。

仮想通貨とSNSを利用した販促は視聴率3%のテレビCMと同じ効果がある

ANAのSKYコインは、SNSを使って獲得できるのも特徴の1つです。1回のテーマに寄せられる投稿数は約6000件程度です。投稿者1人当たりのフォロワーが100人とすると、約60万人に情報が拡散する計算になります。

60万人に情報が拡散する**SNSの宣伝効果は、情報が届く人数で比較すればテレビCMにも引けを取らない**といえるでしょう。首都圏は約1900万世帯なので、視聴率3%なら視聴者は57万人と推定されます。ＡＮＡのＳＫＹコインは、それと同じくらいの訴求力があるということです。

しかも、情報が伝わる人数は同じでも、コストは格安です。６０００件の投稿にＡＮＡが１００コイン付与すると、60万円分のおまけを出すことになります。ＡＮＡのＳＫＹコインは、前述したように自社の航空券やツアー商品を割引する「値引き型」なので、ＡＮＡの売上原価率を約75％（２０１８年３月期）とすると、そのおまけにかかる原価は約45万円（＝60万円×０・75）で済みます。約45万円で首都圏にテレビＣＭを流せるのだと考えれば、宣伝費用（広告代）は格段に安いといえます。

さらに、ＳＮＳは自分の知人から情報が届くので、テレビＣＭよりも訴求力は高いと予測できます。

したがって、ＳＮＳと仮想通貨を組み合わせた販促は、企業にとって費用対効果が高いのです。今後も、このような仮想通貨などのオープン型の値引きにＳＮＳを絡めた販促手法を実施する企業が増える可能性は高いでしょう。

4-7 大手スーパーがあえて儲かりにくいネットスーパーに参入する狙い

ネットで注文した食料品を自宅に届けてもらう。そんな「**ネットスーパー**」の利用が、買い物に行く暇のないビジネスマンや共稼ぎ夫婦、赤ちゃんがいる主婦、重い荷物を運べない人、介護で外出しにくい人などの間で少しずつ増えています。

そのような現代版「御用聞き」ともいえるネットスーパーでは、商品のピッキングや配達といったコストを考えると、どう考えても利益が出ているようには見えないのですが、実際はどうなのでしょうか？

なぜ、いま「御用聞きビジネス」が復活したのか？

アメリカでネットスーパーが誕生したのは、インターネットの本格的な普及が始まったばかりの1999年。カリフォルニア州のネットベンチャー「Peapod」が最初にネットスーパーを展開した企業でした。その後、一度は経営が破綻した同社ですが、オランダのアホールド（現在はアホールド・デレーズ）の傘下に入るなどして、現在も営業を続けています。

日本でも、イトーヨーカ堂（セブン&アイ・ホールディングス傘下）など、いまやネット販売に大手スーパーのほとんどが取り組んでいます。調べてみると、商品の価格はリアル店舗とほぼ同じです。購入合計金額が5000円以上なら配達も無料というところが多いようです。お客にとって便利なサービスですが、果たして収益性はどうなのでしょうか？

もともと食品スーパーは、薄利多売のビジネスモデルです。ネットスーパー事業はそれにコストが上乗せされるため、儲けを出すのが難しいというのは事実です。早速、シミュレーションしてみましょう。

ネットスーパーの平均客単価は、1回約6000円。リアル店舗のスーパーの粗利率は概ね25～30％ですが、ネットスーパーではミネラルウォーターや米など利益率の低い商品がよく売れるので、利益率はやや低めの25％と仮定します。すると、客単価が6000円の場合、利益は1500円（6000円×0・25）。配送コストを1件500円と想定すると、最終の粗利はわずか1000円という計算になります。そこから人件費などの販売管理費を差し引くと、赤字になってしまいます。

儲からない事業になぜ参入するのか？

ネットスーパーが儲かりにくいことは歴史的にも証明されています。1999年にサンフランシスコでオンライン食品雑貨宅配サービスを始めたネットスーパーのウェブバンは、利益を出せずに創業からわずか2年後の2001年に営業停止になっています。同時期に日本でも参入する企業が相次ぎましたが、そのほとんどがうまくいかずに撤退しました。にもかかわらず、なぜ近年になって参入する小売企業やEC企業（次ページの表参照）が増えているのでしょうか？

ネットスーパーは、その導入初期は店舗を持たない「**倉庫型**」が多かったのですが、最近は店頭の商品をピッキングして届ける「**店舗型**」が主流になっています。店舗型の場合、倉庫を設けるための二重投資を行なわなくても済むからです。また、ピッキングのスタッ

◉主なネットスーパーのサービス

イトーヨーカドー ネットスーパー	・24都道府県で実施 ・取扱商品数約３万点 ・１日の配送便数は６便以上 ・配送料324円（税込） ※送料無料サービスはなし。 ※交付日より４年以内の母子健康手帳提示で、登録日から４年間は配達料金100円（税込）。 ※魚を３枚におろすなどの調理サービスや、肉のトレーを取りビニール包装をするなどのサービスもある。 ※不在時の取り置きサービスはないが、不在時再配達は可能。
イオンネットスーパー	・45都道府県で実施 （郊外や地方都市にも多くの店舗がある） ・取扱商品数約３万点 ・１日の配送便数は地域によって異なる ・通常5,000円以上の買物で送料無料 ※「3,000円以上で配送料無料」や「買物金額に関係なく配送料100円」などのキャンペーンを定期的に行なっている。
楽天西友 ネットスーパー	・17都道府県と配送エリアは少ない ・１日の配送便数は５便 ※地域によっては例外あり。 ・配送料432円（税込） ※合計額が一定額以上で送料無料。 ・野菜や肉など、特売日でない日でも常に安い価格で販売されている ※ひき肉や豚こま切れ肉など、よく使う肉が100ｇ当たり100円以下。 ・楽天市場と西友の人気商品を同時に買うことができる

出所：各社ホームページの情報（2019年５月現在）をもとに作成

フもわざわざ雇用するのではなく、リアル店舗の既存の人員を割り当てるなど、コスト削減の工夫が全体的に進んでいます。

とはいえ、先ほど試算したようにネットスーパーの収支は赤字です。それでも大手スーパーがあえて参入する狙いは、**「自社がやらなければ、他社にお客を取られるから」**です。具体的には、競合他社スーパーの脅威というよりも、ネットの巨人の**アマゾン**が、プライム会員向けの生鮮食品配送サービス「**Amazonフレッシュ**」を行なっているからです。

■ネットスーパーが狙っている「本当のお客」とは？

また、普段は自宅に近い店で買い物をする「地元のお客」も、ネットで注文して宅配してもらえるなら地元にこだわらずに他店に流れる可能性があります。それをつなぎ止めるために、大手スーパー各社は**利益の薄さを覚悟してネット販売を行なっている**面があるのです。そう考えると、**ネットスーパーの売上は、リアル店舗の売上の10％程度が限度**になるでしょう。赤字になりがちなネットスーパーは、「利用客が増えすぎない」ように調整する必要があるといえます。

ただ、地方においては、都心とは異なる別の可能性も見えてきます。いま、地方で問題になっているのが「**買い物難民**」です。スーパーの超大型化および郊外化が進み、近所のスーパーが撤退し、日常の買い物に不自由している人たちが増えています。

たとえば、自動車の運転ができなくなった高齢者は、買い物もできなくなるのです。そういった人たちのために、生活インフラとしてネットスーパーが担う役割は大きくなっていくはずで、そこに、これからのネットスーパー成長の可能性があります。

値づけ思考を強化する

豆知識

買い物難民を救う「移動スーパー・とくし丸」

私は、徳島県徳島市に本社を置き、買い物難民を支援するための「**移動スーパー**」を運営している「**とくし丸**」（オイシックス・ラ・大地の連結子会社）に注目しています。

同社が手がける移動スーパーは、「販売パートナー」と呼ばれる個人事業主が、お客の自宅の玄関先まで冷蔵庫付きの軽トラックで出向き、お客に買い物をしてもらうビジネスモデルです。

軽トラックに積み込まれた生鮮食品などの商品アイテム数は400品目以上に及ぶようです。商品は同社が提携する地元スーパーから仕入れたもので、その価格は、基本的には商品1点に対して**「店頭価格プラス10円」**という価格設定です。

この価格設定は、自動車に乗って買い物に行くときのガソリン代、あるいはバスやタクシーを利用するときの費用を考えると、買い物難民となって困っているお客に「高くはない」と思われる「値ごろ感のある値づけ」といえます。

この販売パートナー、地元スーパー、とくし丸の三者が収益を上げられるビジネスモデルは全国に広がりを見せています。なお、とくし丸の事業は、2019年3月期において、流通額が79億円、稼働車両台数が385台、提携スーパーが109社となっています。

Chapter 4 のまとめ

値づけの思考整理ノート④

- ✓ 商品のサイズのバリエーションを増やすだけでなく、それにセット販売（バンドリング）を組み合わせれば、客単価を上げることができる。
- ✓ 行列などでお客を待たせすぎるとチャンスロスの発生と顧客満足度の低下につながるが、逆にお客がまったく待たない状態では繁盛していない印象を与えるため、顧客満足度を落とさない程度に、お客をある程度待たせるほうがいい場合もある。
- ✓ 高品質の高価格商品を売るために、「魅力効果」と呼ばれる消費者心理を利用して、ワンランク下の商品（グレーモデル）をあえて比較対象として用意して、高価格商品の魅力が際立つように演出する方法も有効。
- ✓ 商品やサービス本体を安く売ってシェアを確保し、その本体に関連する付属商品やサービスの販売を狙う「キャプティブ・プライシング」と呼ばれる価格戦略がある。
- ✓ 追加販売（クロスセル）は、特に値下げをするときに、客単価を上げる手段として有効。追加販売する商品・サービスや時間帯は手間のかからないようにする必要がある。
- ✓ 企業が共通ポイントカードを導入するメリットは、お客の年齢・居住地域・購買傾向などのマーケティングデータを入手できることと、新規顧客の開拓や既存顧客の囲い込みの効果が期待できること。
- ✓ ポイントやおまけ（クローズド型値引き）には既存顧客の囲い込み効果があり、ANAのSKYコインなどの仮想通貨（オープン型値引き）には新規顧客の獲得効果がある。

Chapter 5

価格の調整と顧客満足

~値上げと値下げを成功させる思考法

5-1

10年連続CS第1位のスターフライヤーの「スマートベーシックな値づけ」

サービス産業生産性協議会（SPRING）は、サービス産業の約30の業種を対象に、総計12万人以上の利用者からの回答をもとに統計的な手法で顧客満足度を分析する「**日本版顧客満足度調査（JCSI）**」を毎年実施しています。

年1回、業種別に調査結果が公表されていますが、2009年の調査開始から、10年連続でCS（顧客満足度）第1位の企業やブランドはそれほど多くはありません。

ヤマト運輸（業種：宅配）や住信SBIネット銀行（業種：金融）と並んで、**スターフライヤー**（業種：国内長距離交通）は、「レガシーキャリア」といわれる従来型の大手エアライン（JALやANA）や、低価格路線を運航しているLCC（ピーチなど）の上を行く高い顧客満足度（10年連続第1位）を維持しています。

◉スターフライヤーのCSの推移（他の国内長距離交通との比較）

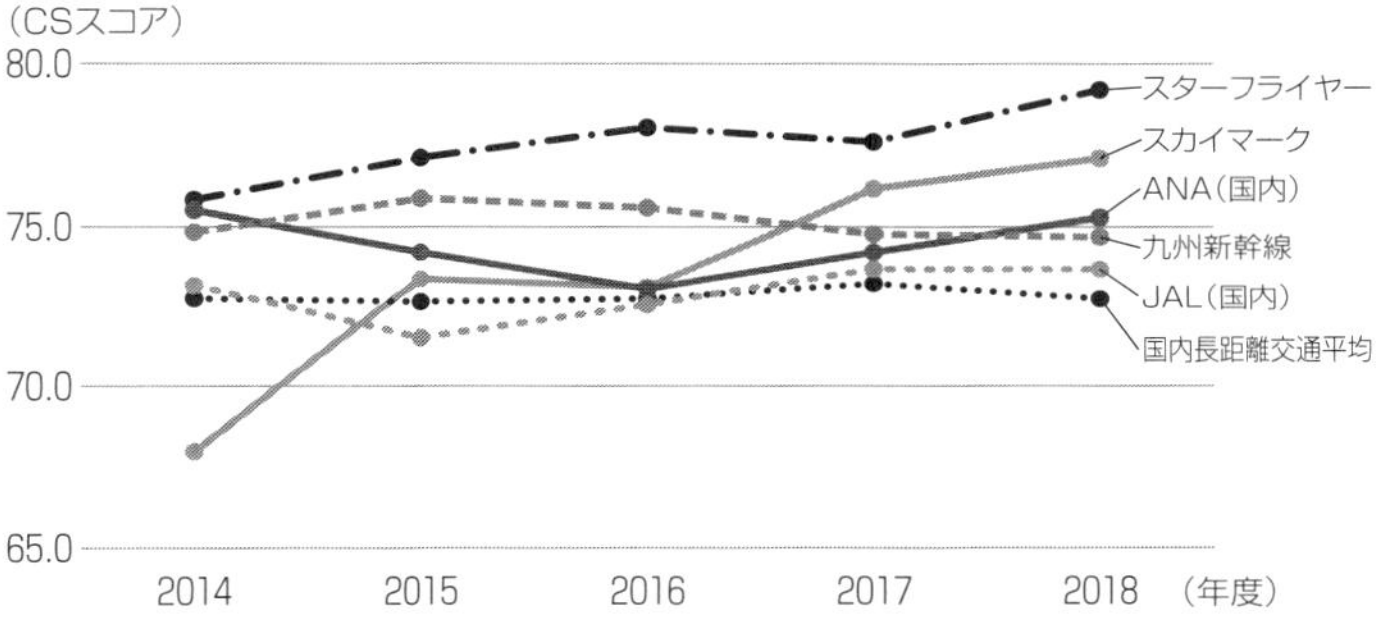

出所：サービス産業生産性協議会「2018年度JCSI 第４回調査 詳細資料」

■国内でCSナンバーワンの航空会社は小さなエアライン

地方空港（北九州空港）を拠点とする小さなエアラインであるスターフライヤーが、全国あるいは世界規模で事業を展開している大企業に伍《ご》して、顧客満足度第1位を維持しています（上のグラフ参照）。これは、奇跡に近い快挙なのです。

スターフライヤーは、ＪＣＳＩの調査期間中に赤字（２０１４年３月期）を一度経験しているにもかかわらず（現在、業績は回復しています）、競合のエアラインに一度も「ＣＳナンバーワン」の地位を明け渡すことがなかったのです。しかも、２０１８年度の調査では、ＣＳスコアの比較で、他社をさらに引き離しているほどです（スターフライヤーの２０１８年度のＣＳスコアは79・２点）。

なぜ、スターフライヤーのCSは高いのでしょうか？

「スマートベーシックなエアライン」のビジネスモデル

それは、まず**ビジネスモデルが強固**だからです。スターフライヤーは、大手のJALやANAのようなマスを対象としたエアラインではありません。また、大手2社とは対極にある低価格訴求型のLCCでもありません。**スターフライヤーは、顧客ターゲット（顧客対象）をビジネスパーソンに絞ることで、ゆるぎない価値を提供している**のです。

私たちマーケティング研究者は、高い品質ながら、中低位の価格でサービスを提供している企業のことを、「**スマートベーシックな企業**」と呼んでいます。スターフライヤーのビジネスモデルは、まさにそれに該当します。

羽田～福岡間の片道の運賃を見てみると、スターフライヤーは、普通運賃でJALやANAとほぼ同じ水準です。スカイマークなどの他のLCCとは異なり、**スターフライヤーの運賃はそれほど安くはないのにもかかわらず、同社は高いCS（顧客満足度）を維持しています。**つまり、「値ごろ感」がうまくつくられているのです。

■オペレーションと機内設備の特徴

スターフライヤーのオペレーション面での特徴は、羽田~北九州・福岡・関空（関西国際空港）などに路線を絞り込んでいることです。特に、羽田~北九州（往復22便／日）・羽田~福岡便（往復16便／日）は、早朝から深夜までの集中的な運航により、ビジネスパーソンにとって利便性が高い路線となっています。

機内設備にも特徴があります。他社には見られないシートピッチ（座席の前後間隔）の広さは、ゆったりと脚を伸ばせるレッグスペースを提供します。こういった**機内の快適性が、CSの高さに大いに貢献しているの**です。

■黒色を基調にした企業ブランディングの成功

スターフライヤーのCSが高い2つ目の理由は、「**企業ブランディングの成功**」です。同社のコーポレート・カラーのブラックは、JALのレッドやANAのブルーとは対照的で、色彩的に際立っています。黒い機体に、同じく黒い革張りのシート。機内で提供されるのは、ブラックチョコレートとタリーズのコーヒー。かつての機内放送（機内安全ビデオ）に登場するマスコットキャラクターは、黒装束の忍者でした。なお、現在は、機内放送が変更されて、「スターフライヤーマン」（黒ベース）が登場しています。

機体や機内設備から、CSのユニフォームやサービスに至るまで、すべてが高級感のある黒色で統一されています。**ブランドイメージに一貫性があることは、スターフライヤーを利用するお客にとっては信頼感の証**となります。また、機内やカウンターでお客と接触する従業員には、自分たちがめざすべき姿（「スターフライヤーらしさの追求」〈質へのこだわり〉でお客に選ばれる企業）をいつも意識させます。

北九州という地方を拠点にしたエアライン

3番目のスターフライヤーのCSが高い理由は、**地域と密接な関係にある**ことです。

スターフライヤーが拠点としている北九州市は、製造業の街です。TOTOや安川電機、トヨタ自動車や日産自動車が大きな工場を構えています。

スターフライヤーの就航と同時に開港された北九州空港は、2018年度に旅客数が年

◉北九州空港利用状況（旅客）の推移

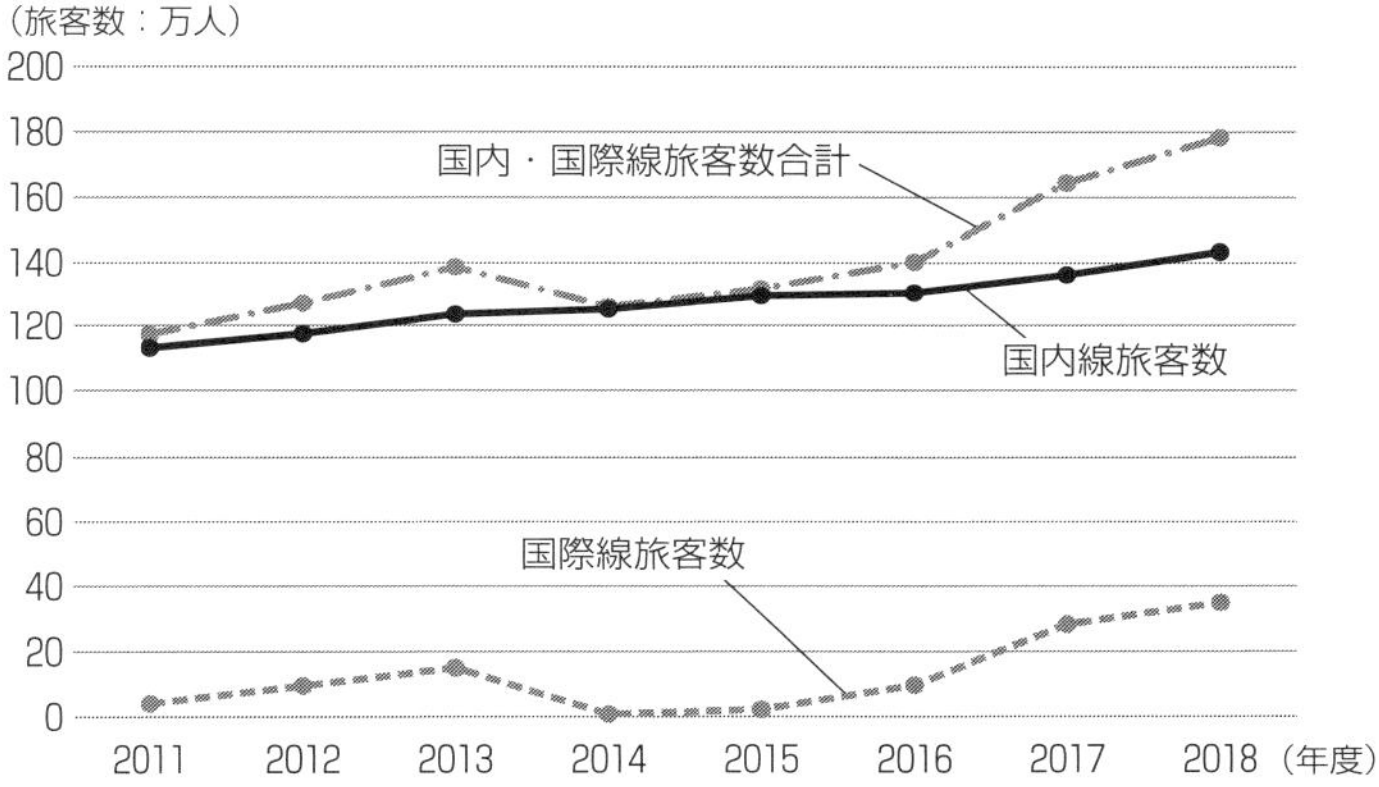

出所：北九州エアターミナル株式会社の提供資料をもとに作成

間１７０万人を突破しています（上のグラフ参照）。

地域の産業への経済的な波及効果が大きいだけでなく、物流やビジネスパーソンの出張の利便性向上に大きく貢献していることは間違いありません。

将来を見据え、スターフライヤーがアジア諸国に路線を拡張すれば、さらに地域のモノづくりに貢献できそうです。

私がそのように思っていたところ、２０１７年から同社は、１日に各往復2便だけですが、台湾の台北市〜北九州・中部（中部国際空港）便の路線を開設しました。

5-2 ロングセラー商品は値下げも値上げもしてはいけない

コンビニの店舗は商品の改廃について、じつにシビアです。売れなければ、1週間で棚から外されることもあります。

そうした激しい競争のなかで、20年以上もずっと定位置をキープしているロングセラーの商品があります。そのようなロングセラー商品の強さの秘密とともに、その価格に関する留意点について探ってみましょう。

お客に飽きられずに長く売れ続ける秘訣とは?

そのロングセラー商品とは、「**ポカリスエット**」（大塚製薬）、「**ポッキー**」（グリコ）、「**ポテトチップス**」（カルビー、湖池屋）などです。これらは子どもの頃から私たちの身近にある商品です。新しい競合商品が次から次へと登場するなかで、数十年も生き残り、長く愛され続けています。その理由はどんなところにあるのでしょうか?

まず明らかなのは、ロングセラー商品には、ハイテク製品が少ないことです。つまり、**「ローテク」（新しいとはいえないものの、非常に重要な技術）でつくられている**という共通点が、ロングセラー商品にはあります。先端的な情報機器など、ハイテクでつくられた製品は、それに関連する新しい技術が次々に生まれてくるため、半年前には新しいものだったのに、すぐに古くなって陳腐化してしまうのです。

いわゆる「**先駆者優位**」（最初に市場投入した商品が長期的にも優位に立てること）という条件が成り立たないわけです。ローテク製品はその逆で、従来からある技術でつくられ、そのような技術は現在でも通用します。したがって、必然的に商品寿命が長くなるのです。例外はあるものの、ほとんどが当てはまります。

ちなみに私は、ローテクカテゴリーの産業を、「ローテク3F産業」（スリーエフ）と呼んだことがあります。ファッション（Fashion）、フード（Food）、フローラル（Floral）です。

このローテク3F産業の有名プレイヤーは、50年、100年近くの歴史を持つ長寿ブランドばかりです。皆さんも、すぐに思い浮かぶブランドがあるはずです。

フランスやイタリアの衣料品や鞄などのブランド、たとえばルイ・ヴィトン、グッチ、エルメスなどです。日本にも、食品分野に目を向けると、虎屋や赤福など、数多くの老舗ブランドがあります。花の分野でも、タキイ種苗《しゅびょう》（京都）やサカタのタネ（横浜）、日比谷花壇（東京）などは、戦前からの企業です。

■定番商品は追随する他社商品が現れても値下げしてはいけない

それでも、「ローテクということは、他社に真似（模倣）されて市場を食われてしまうのでは？」と思う人もいるかもしれませんが、そんなことはありません。たとえば、「**バンドエイド**」（ジョンソン&ジョンソン）や「**セロテープ**」（ニチバン）などは、商品名そのものがカテゴリーの代名詞になっています。

バンドエイドもセロテープも、発売された当時、それまで市場にはなかったモノです。これらが「**新しいカテゴリー**」を創り出したのです。新しいカテゴリーの市場を創造した先行商品で、その後から出てくる後発商品と技術的に大きな差がなくても、認知度の高さでロングセラーになっているのです。ローテク製品は、ハイテク製品にはないブランド力によって長期に優位な立場を確保できるのです。

定番のロングセラー商品にはもう1つ、欠かせない条件があります。それは「**値下げをしない**」ことです。

この点に関し、マーケティングの教科書でしばしば取り上げられるのが、アメリカのたばこメーカーのフィリップモリス社が価格改定で失敗した事例です。

同社が値下げを発表したのが金曜日（1993年4月2日）だったので、「マルボロ・フライデー」という事件として広く知られています。当時、アメリカのたばこ市場で、マルボロは他の追随を許さないプレミアムブランドでした。ところが、同年に競合他社に追随して値下げしたところ、逆に売上が激減しました。その影響でアメリカを代表する優良企業だった同社の株価も大幅に下がってしまいます。

このマルボロの事例からもわかるとおり、**長く愛用されているロングセラー商品（ブランド）の場合は、値下げをするとイメージが低下してしまいます**。その結果、商品ブランドの寿命を縮める可能性が高いのです。

つまり、**トップメーカーはチャレンジャーが仕掛ける価格競争に対して、値下げで対抗することには慎重でなければならない**のです。

■競争力を維持する2つの方法

そうはいっても、2番手以下の競合他社が値下げに走ったら価格競争力は落ちるはずです。では、どのように対抗すればよいのでしょうか？

競合他社の値下げやコスト増などの環境変化に対抗して、それでも競争力を保つために行なわれる手法は2つあります。

1つは、**新しいトレンドを取り入れ、製品をマイナーチェンジする**ことです。たとえば、ロゴやパッケージをリニューアルしたり、原料を「～産100％」など差別化要素を付加して、それを銘打ったりする方法などが挙げられます。**イメージの刷新や品質の向上を強調する非価格競争の手段を採用する**わけです。

もう1つは、**商品ラインナップの拡張**です。たとえば、グリコのポッキーは様々な種類（味覚）のサブブランドを展開しています。パッケージのリニューアルと同時に、味などのバリエーションを増やして、お客が飽きない工夫を施しているのです。

■たった15円の値上げでもお客の心は離れていく

ロングセラー商品は、値下げだけではなく、値上げもタブーです。

2018年10月～2019年3月にNHKの連続テレビ小説「まんぷく」の効果もあり、日清の「カップヌードル」の売れ行きが好調です。2018年は史上最大の販売数（100億食）を達成しました。

ところが、10年前の2008年6月にカップヌードルが卸売価格を15円値上げしたところ、同商品の売上は値上げ前の月に比べて、瞬間的ですが52％減少しました。

原材料費高騰などの事情によりロングセラー商品を値上げせざるを得ないときに「客離れ」を防ぐには、先ほどの値下げのところで説明したマイナーチェンジやラインナップの拡張を値上げと同時に行なうことが有効です。カップヌードルは、翌２００９年の４月に、肉の具材を変えてリニューアルしました。２００８年の値上げ時に、このリニューアルを行なっていれば、前述したような売上が激減するのを回避できたかもしれません。

消費者は、商品の「変化」には敏感です。特に、味や品質、価格を変えると命取りになるのが、ロングセラー商品の宿命です。

5-3

値上げに成功したリンガーハットの定番商品のリニューアル戦略をひも解く

ミニストップの看板商品「ソフトクリームバニラ」。長い間売れ続けている人気の定番商品だけに味をまったく変えていないのかと思いきや、1980年の発売以降、何度かリニューアルを敢行しています。

具体的には、1991年は乳原料の配合率アップ、2001年は北海道産の生乳への変更、2011年は北海道産の純正クリームの増量および無着色のバニラへの変更を行ない、さらに、2014年には国産卵黄を使って、濃厚さやバニラ感を増やしています。

すでに多くのファンを獲得している人気商品なのに、あえてリニューアルするのはなぜでしょうか?

長寿ブランドでも10年周期で商品をリニューアルする必要がある

どんなに長く愛され続けているロングセラー商品も、**10年に1回くらいは、商品やパッケージ、あるいは売り方について大きなテコ入れを行なう必要があります。**

10年周期でリニューアルが必要になる理由は2つあります。

1つは、**10年も経てば消費者の嗜好が変わる**からです。たとえば、ここ10年くらいで、一般的に消費者の好みは、刺激の強い味から、ヘルシーであっさりした味を好むようになってきました。消費者の味覚が変化しているのに、味がそのまま変わらないのでは「味が落ちてきた」「飽きた」と思われるおそれがあります。

もう1つは、**競合商品の品質が向上する**ためです。加工技術や流通技術は日々、進化しています。また、素材も品種改良などによって10年前より品質が向上しています。競合他社が、改良された素材を使い、新しい技術で商品開発や改良を行なっているのに、ロングセラーの定番商品だからといって従来と同じ素材、同じ技術でつくっていては相対的に見劣りしてしまいます。

品質向上をめざしてリニューアルすれば、コストが増えて値上げを余儀なくされることもあります。一般的には、値上げは「客離れ」を起こすリスクがあるので難しいところです。ただし、例外もあります。「○○にしたので、美味しくなった」など、**品質が向上した理由と事実をしっかりと説明できるなら、値上げも可能**なのです。

■リンガーハットの商品リニューアル

ここで、値上げに成功した事例として取り上げるのは、2009年と2010年に主力商品の「長崎ちゃんぽん」を刷新した**リンガーハット**です。

2000年代のリンガーハットは、クーポンで集客する戦略をとっていました。長崎ちゃんぽんのような主力商品を割引して売るには、仕入れなどのコストを抑える必要があります。そこで、同社は中国産の冷凍野菜を使うことでコストを削減していました。

ところが、中国産の冷凍餃子に使われている野菜に残留農薬が見つかるなど、中国産の野菜の品質に疑問符がつけられるようになり、長崎ちゃんぽんの売上が減少してしまいます。そこで、リンガーハットは中国からの食材の調達をやめて、国産の野菜に切り替えました。

同時に、主力商品である長崎ちゃんぽんの40～１００円の値上げに踏み切りました。野菜をすべて国産に切り替えて、なおかつ値上げする決断には経営者としては勇気が必要だったはずです。しかし、このリニューアルは消費者に支持され、売上を回復させました。

このリンガーハットの事例は、材料が変わって美味しくなったという事実と根拠を消費者にしっかり印象づけられるなら、値上げをともなうリニューアルが有効であることを示唆しています。

■マイナーチェンジのリニューアルは水面下で行なう

一方、**インパクトの小さい、マイナーチェンジのちょっとしたリニューアルの場合は、値上げは禁物**です。それどころか、リニューアルしたことをむやみに宣伝しないほうが良いでしょう。

なぜなら、飲食店の食べ物や飲み物、コーヒー、お茶、お酒、たばこといった**嗜好品の味や品質の変更に関して、消費者はかなり保守的だからです。**何かが変わったことに気づくと、お客は離れていくものです。したがって、**マイナーチェンジを実施するときは、お客に刺激を与えない**ことが大切です。こっそりリニューアルしておいて、「いつのまにか美味しくなった」「なんか良くなった」などとお客に思わせるのが理想なのです。

値づけ思考を強化する

豆知識

老舗ブランドはこっそり商品を進化させている

老舗ブランドのマイナーチェンジの事例を紹介します。

虎屋の羊羹《ようかん》の原料には、砂糖と小豆《あずき》が使われています。じつは、10年くらいの間隔で、食材の調達先は変わっています。老舗ブランドでも日々、商品を進化させるための革新の努力は続けています。

しかし、素材の調達先が変われば味も微妙に変わるはずですが、虎屋などの老舗の菓子メーカーでそのようなメッセージを発信しているところはありません。

すなわち、ロングセラー商品の原材料の調達先が変わったことやそのタイミングについては、むしろお客に伝えるべきではないのです。

また、**ネスレ**のインスタントコーヒー「ゴールドブレンド」は、毎年のように微妙に味を変えています。かつて、味が変わったことをテレビや新聞で宣伝したとき、売上が落ち込んだことがありました。

食に関して、消費者は自分のお気に入りのブランドを、「変わらない味で楽しみたい」と思っているからでしょう。

なお、これと同じようにリニューアルによって「客離れ」が起きた事件としては、**コカ・コーラ**が1985年に実施した味の変更が有名です。もっとも、コカ・コーラは、すぐに変更前の味に戻した「クラシックコーラ」を発売し、消費者から支持されました。

ロングセラー商品にリニューアルはつきものですが、そのやり方を間違えないようにくれぐれも注意してください。

5-4

「値引き」と「おまけ」を使い分ける

値引き、おまけ、キャッシュバック、ポイント還元……。
お客にとって得なのはどれでしょうか？
また、メーカーや小売店（売り手）は、どれだけ儲かるのでしょうか？
お客の心をくすぐり、財布の紐を緩ませる価格戦略の裏側を見ていきましょう。

■売り手側にとっての値引きとおまけの違い

缶コーヒーやペットボトル飲料に付いているおまけは、コレクター垂涎《すいぜん》のアイテム。ただ、おまけにコストをかけるくらいなら、その分値引きをしてくれたほうがいいと思う人も多いはずですが、おまけと値引きは、メーカーや小売店などの売り手から見ると、それそれ意味合いが違います。

値引きは販売数量が増えないと売上が下がりますが、おまけは利益率が下がるものの売上は下がらないのです。また、**値引きはブランドイメージを損なうおそれもあります。**たとえば、飲料はブランドイメージがとても重要なので、値引きよりおまけの戦略をとる傾向があります。

▩値引きとおまけを使い分けて売上増に！

では、値引きはメーカーや小売店にとって損になるかというと、必ずしもそうとはいえません。消費者の中には、あちこち店を回って特売品などの安い商品だけを選んで買う「**チェリーピッカー**」（さくらんぼ摘み）と呼ばれる客層もいれば、同じ店で買う安心感を重視する客層（**リピート客**）もいます。

前者のチェリーピッカーをターゲットにした店は「**そのとき限りの値引き（即時型）**」で店頭に変化をつけようとします。チェリーピッカーを速攻で攻めることで集客に結びつけるのです。

一方で、後者のリピート客をターゲットにする店は、ポイントによるキャッシュバック（ポイント還元）などの**「長期的な値引き（延期型）」**で来店頻度を上げようとします。こうした店では、売上増は、**ロイヤルカスタマー**（忠誠心の高い顧客）を狙うことで達成されます。

なお、**実際の値引き率は、延期型のほうが即時型よりも低くなります。**たとえば、1万円の買い物をしてくれたお客に対して、5%の現金値引きを行なう場合（即時型）と、5%のポイント還元を行なう場合（延期型）の値引き率を試算してみましょう。現金値引きの場合は実際の値引き率もそのまま5%となりますが、ポイント還元の場合、キャッシュバックを受けるためには次回500円以上（合計1万500円以上）の購入が必要になるので、実際の値引き率は4・76%（500円÷1万500円×100）となります。

即時型でも延期型でも、ターゲットや販売戦略にマッチしていれば、値引きをしても売り手側が損をすることはありません。

また、値引きに即時型と延期型があるように、おまけ（付加価値）にも種類があります。商品に直接付加するおまけは即時型で、メーカーが特定のブランドを売りたいときなどに活用されます。一方、シールなどを貯めて別の商品と交換できるようにする場合は延期型

◉「値引き」と「おまけ」で販売促進を行なう方法

値引き／おまけ	タイプ	目的・利点および例
値引き	即時型	・在庫が残っているとき、メーカーが特定のブランドをアピールしたいときなどに有効。短期間なので、消費者としては情報収集がカギになる （例）洗剤、ティッシュペーパー
	延期型	・ポイントによるキャッシュバックやクーポンの配布が代表的。次の来店につなげるのが狙い。来店頻度が増えれば、値引きしても売上は増える。実際の値引き率は即時型より低い （例）居酒屋の割引クーポン
おまけ（付加価値）	即時型	・商品に直接付けるおまけのほか、増量やバンドルセール（数量をまとめて販売）も、このカテゴリーに含まれる。実質的には値引きでも、売上が落ちないのが利点 （例）缶コーヒー、ペットボトル飲料
	延期型	・「シールを集めたら抽選で○○をプレゼント」のように、継続して利用してもらうことを目的に行なう。特に、ブランド力の強いおまけだと効果がある （例）ファストフード、コンビニ

で、小売店がお客の来店頻度を高めるために活用されます。

おまけも値引きも、実際はどれか1つの方法を選択しなければならないというわけではなく、複数の手法を組み合わせる企業が少なくありません。

たとえば、マクドナルドは、○月○日までビッグマック200円（即時型の値引き）、クーポン（延期型の値引き）、ハッピーセット（即時型のおまけ）など、様々なセールスプロモーションを組み合わせて実施し、効果的に売上増を狙う販売促進を行なっています。

なお、値引きとおまけによる販売促進の方法を上の表にまとめておきましたので、参考にしてください。

お客に精神的なお得感を与える新しいおまけ

ところで、缶コーヒーやペットボトルのおまけは、最近になってあまり見かけなくなりました。それらの商品は、原材料費の高騰でコストが上昇し、利益を圧迫したからです。資源価格が適正に戻るまでは、メーカーもおまけをつけるのは難しいでしょう。

しかし、その代わりに別のスタイルのおまけが出てきました。フランスのミネラルウォーターのブランドである**ボルヴィック**（Volvic：日本ではキリンビバレッジが販売）は、商品を購入すると、ユニセフにお金を寄付して井戸をつくる『1L for 10L』というプログラムを実施しています。

このプログラムは、**「社会貢献をしたい」というお客に対する心理的なおまけ**です。これは、「お客に精神的なお得感を与えるおまけ」ともいえるでしょう。

今後は、単に「損か得か」という次元ではなく、ボルヴィックのように、おまけを通した「社会貢献」を購入の動機につなげるメーカーが増えてくるかもしれません。

5-5 数字のマジックで「値引きのお得感」を演出する

栄養ドリンクの「タウリン1000㎎」、ノンアルコール飲料の「アルコール0・00％」――。何気なく目にしている商品ラベルですが、じつはこうしたラベルにはお客が思わず買いたくなる仕掛けが隠されています。

数字やデータを活用した表現や演出は、人を説得するのに有効な手段であることが知られています。そうした表現や演出により消費者心理に訴えかける価格の調整法について探っていきましょう。

■お客に与える印象を操作する数字の使い方

「5％引き」の10万円の商品と、「5000円引」の10万円の商品があったとします。

皆さんは、どちらが得だと思いますか?

もちろん、どちらも同じです。購入するときに支払うお金は、どちらも9万5000円。でも、「5000円引」のほうが得だと感じる人が多いはずです。

なぜかというと、一般的に、**人は小さい数字よりも大きな数字で表示したほうを得だと感じる**からです。

このことから、本節冒頭で例示した栄養ドリンクの有効成分が、なぜ「g」ではなく「mg」で表示されているのかについても納得できたと思います。

もう少し具体的に補足すると、たとえば「タウリン2g」とg単位で表示するよりも、「タウリン2000mg」とmg単位で表示したほうが**ケタ数が多くなるので、成分がたくさん含まれているような印象をお客に与える**のです。

このように同じ内容を示しているのに、表現を変えるだけでお客に与える印象は大きく変わります。

逆に、たばこのニコチンやタール、健康食品などの糖分などの**目立たせたくない成分は、ケタ数を小さく**します。具体的には、小数点以下の数値になる単位を用いるのが効果的です。たとえば、「100㎎」より「0・1g」と表示するなどです。こうすれば、同じ分量でも微量な印象を与えることができます。**数字のケタ数を変える数字のマジックによって、お客に与える印象を操作する**ということです。

商品券や割引クーポンでも、数字を大きく表示したり、クーポンの紙のサイズそのものを大きくしたりすれば、お得感を演出できます。

近年、スマホや携帯電話の画面を見せるだけで安くなる電子クーポンが普及していますが、紙のクーポンがなかなか消えない理由の1つには、こうしたお得感の演出があるのでしょう。

また、商品券や割引クーポンなどが実際のおカネと同じくらいの大きさになっていることが多いのも、お得感を強く演出するためです。なお、割引クーポンの場合、「1000円引き！」の数字も極大のポイントで表示されています。まさに数字のマジックですね。

■プロスペクト理論とは？

本来は同じはずなのに、表示の仕方によって受け手の感じる価値（印象）が変わってしまう。それを理論化したのが、ノーベル経済学賞を受賞したダニエル・カーネマン教授らが提唱した「**プロスペクト理論**」です。

プロスペクト理論は、人間の心理の傾向を明らかにしました。

それは、同じ金額でも、得する場合と損する場合では人が感じる金額の価値が変わり、**損する場合のほうが金額の重みを感じる**というものです。

たとえば、2万円もらうときの有難味《ありがたみ》が100としたら、2万円を失うときの痛みは200になります。簡単にいうと、お客は、同じ金額なのに得する場合は過小評価し、損する場合は過大評価する傾向があるのです。したがって、**お客が得する情報はより目立つように強調して表示し、損する情報は小さく表示するほうがいい**のです。

当たり前のことのようですが、食品メーカーや飲料メーカーの商品では、人間の健康や環境に害を与えそうな成分は、読めないくらいに小さく表示されていることが多いのです。

閾値理論とは？

もう1つのお客の心理の傾向を理論化したものが、「閾値《いきち》理論」といわれるものです。金額が小さいうちは、人間は価格の変化に対する有難味や痛み（損得）に鈍感な傾向があります。つまり、**値下げや値上げが少額の場合、お客は価格が変わったことを気にも留めない場合が多い**のです。ところが、**ある水準を超えると、お客は急に金額の違いに敏感になる**のです。

たとえば、お客は100円をもらっても、大してうれしく感じませんが、1000円になると、倍率の10倍以上に喜びます。「1円玉を粗末に扱わないように」とよくいわれますが、私たちは、10円や100円程度の「少額の損得」に対しては鈍感ですが、ある金額（人によってその金額は異なります）を超えると、その金額以上に大きな損得を感じるものなのです。

人の心理とはじつに面白いものです。買い物をするときに、こうした金額表示のトリックが隠されているのを見抜くようにすると、買い物が楽しくなりますし、「値づけ思考」を磨くことができ、顧客満足度を高めるための価格の調整を行なうときに役立ちます。

5-6

100円ショップをヒントにした「アクアベーカリー」の価格を変えない戦略

世界中の小売業で成功している業態に、「**均一価格店**」が存在します。アメリカには、ダラー・ゼネラルやファミリー・ダラーのような「ワンダラーショップ」があり、日本では、ダイソーやセリアのような「100円ショップ」が有名です。

このような均一価格店の強みは、1ドルや100円で「**値ごろ感（お得感）があること**」と、「**価格を比較しなくてもよい買いやすさ**」にあります。後者の価格比較の強みが生まれるのは、お客は、購入する商品の支払金額（合計額）を計算するときに、バスケット（かご）の中にある商品の点数だけをカウントすればいいからです。

本節では、100円ショップの変わり種を紹介します。100種類のパンを100円（税別）という均一価格で販売している**アクアベーカリー**（アクアが展開するベーカリー事業部）です。

■スーパーの来店客の25％超が買い物をするパン屋

スーパーの来店客は、10人に１人（10％）の割合でパンを購入するといわれています（買上率＝10％）。１回の買上点数（購入個数）を約４個とすると、スーパーの来店客１０００人当たりの買上点数（購買指数：ＰＩ値）は、約４００個になります。

食品スーパーやホームセンターでは、インストアベーカリーが集客の目玉になっていますす。ただし、部門としてはほとんどが赤字です。

ところが、「１００種類の１００円パン」というコンセプトを掲げて、１店舗当たり１日平均３０００個を売り、きちんと利益を出している企業があります。埼玉県上尾市を中心に、ベーカリー事業「アクアベーカリー」を手がけるアクア（本社は上尾市から２０１９年４月にさいたま市南区に移転）です。そのユニークな事業内容を紹介します。

ベーカリーショップ「ブーランジェベーグ」を展開するアクアの徳永奈美社長はシングルマザー、３人の子どもを抱えながら40歳で起業しました。２０００年の事業開始から19年が経過した２０１９年5月現在、埼玉県およびその周辺エリアのマミーマート（食品スーパー）、ＬＩＸＩＬビバ（ホームセンター）、丸広百貨店（地方百貨店）内に18店を持つまでにアクアのベーカリー事業は成長しました。

２０１８年度のアクアの売上高は約30億円です。同社はベーカリー事業のほかに、ラーメンの「福よし」、うどんの「お多福」、洋食の「グランマキッチン」、たい焼きの「かめ福」などのフード事業も展開していますが、最大の店舗数を誇っているのが、量販店のインショップで運営されているベーカリー事業部門（ブーランジェベーグ）です。

■驚異的なPI値

最も繁盛している、さいたま新都心店では、（ビバモール内の）マミーマートの来店者の32・5％がパン売り場に立ち寄って買い物をします。また、全店平均では、スーパーの来店客の買上率は約25％です。この割合は、前述した通常のスーパーの買上率10％の２・５倍に相当します。買上点数も平均６個で、ＰＩ値は１５００。つまり、来店客が１０００人来店すると、１５００個のパンが売れるという驚異的な数値を示しているのです。

■不振のインストアベーカリーを引き受けたところから快進撃は始まった

店舗数が増え始めたきっかけは、２０１０年10月のマミーマート足利店への出店（ブーランジェベーグ足利店）でした。それまでマミーマート足利店内で営業していた地元パン屋が撤退したので出店を依頼されたのですが、開店直後から売上が7倍にもなりました。１００円（税別）の値ごろ感、１００種類から選べるバラエティ感（多様性）、鮮度の良い美味しいパンがお客から支持された結果でした。

なお、それほど高い支持を得ているにもかかわらず、年間に2店舗程度しか出店しないのは、職人の採用とパート従業員の教育が間に合わないからです。

■売り場よりもキッチンに広いスペースを割り当てる

アクアベーカリーの特徴は、キッチン（25坪）が売り場（20坪）より広いことです。にもかかわらず、1店舗当たりの売上は、通常のインストアベーカリーの約3倍（平日は約20万円、土日・祝日は約45万円）ですから、採算は十分に取れています。

このように、キッチンのスペースを広く取っているのは、パンを生地からこねてつくる「**スクラッチベーカリー方式**」を採用しているからです。売り場の売れ行きを見ながら、店舗に8人ほど配置されている職人たちが、朝から夕方まで小ロットで（少しずつ）パンを焼いていきます。

また、各店舗は製造小売業で個店経営のような業態になっているため、店舗ごとに売る商品を決めても構わないわけですから、**地域の消費者の好みを反映することができます。また、少量ずつ焼いていくので、商品のロス率（廃棄率）がほとんどゼロになります。**

インストアベーカリーが抱える問題

量販店がインストアでベーカリー部門を運営する場合、通常、パン生地は自社ないしはメーカーの工場で前加工しています。そのため、冷凍生地を各店に配送し、店内のオーブンで焼くことになります。また、基本的な品ぞろえは、チェーン本部が決めています。しかし、このように標準化されたオペレーションでは、次のような「三方悪し」の問題が生まれます。

第一に、パン職人にとっては、量販店のベーカリー部門は、甚だつまらない職場になります。なぜなら、チェーン本部が品ぞろえを決定するため、職人に裁量権は与えられず、まるでロボットのようにパンを焼き続ける、つまらない仕事になってしまうのです。このように創意工夫をする余地がないと、優秀な職人はすぐに辞めてしまいます。職人の定着率が落ちると、他のパート従業員の技能も高まりません。

第二に、コスト管理を各店舗に徹底させるため、売れ筋の品種だけを開店前の朝にたくさん焼くことになります。ところが、朝まとめて焼いたパンは、午後には鮮度が落ちて美味しくなくなるので売れ残ってしまいます。そういう状況が続くと、本部は「品ぞろえを絞り込みなさい！」という方針をとり、品ぞろえが狭くなっていきます。そして、絞り込みすぎた狭い品ぞろえでは、お客からすぐに飽きられてしまいます。

第三に、インストアベーカリーのパンは価格が高くなります。通常、単価は130～250円程度です。その理由は、廃棄ロスが多く出る分を最終価格に転嫁するためです。

儲からないパン売り場をドル箱に改革する

こうした悪循環を断ち切るために、アクアの徳永社長が考えたのが、「**多品種少量生産方式**」です。この方式を採用したことによって、アクアベーカリーの各店舗では、パン職人はキッチン内で思う存分、腕を振るうことができます。職人とパート従業員がチームを組んで、朝6時から夕方4時までパンを焼き続けるのです。

また、生地からこねて売れ行きを見ながらパンを焼くため、焼きたてのパンが1日中、フレッシュな状態で棚に補充されます。しかも、パンの種類は各店舗で独自に考えてもよい「**個店主義**」のしくみを採用しています。ここが、職人が定着する理由です。

さらに、アクアベーカリーでは各店舗の販売実績に応じて、大入り報奨金と称して臨時賞与を出しています。これによって、「たくさん売ってロスを減らすにはどうしたらいいか」と自分たちで前向きに考えるようになり、従業員は働くことが楽しくなります。その結果、廃棄ロスがほとんど出なくなりました。このように、**アクアベーカリーのオペレーションは「三方良し」となっている**ので、100円の値づけでも十分に元が取れるのです。

Chapter 5 のまとめ

値づけの思考整理ノート⑤

- ✓ 顧客ターゲットを絞り、高い品質ながら、中低位の価格を設定する「スマートベーシックな値づけ」でブランド強化に成功して、高い顧客満足を獲得している企業もある。

- ✓ ロングセラー商品には、ハイテク製品が少ない。それは、ハイテク製品には「先駆者優位」が成立しないため。消費者は商品の「変化」には敏感なので、ロングセラー商品は値下げも値上げもしないほうがいい。競合他社が価格競争を仕掛けてきた場合には、新しいトレンドを取り入れたマイナーチェンジや商品ラインナップの拡張で対抗するのが妥当。

- ✓ ロングセラー商品も、10年に1回くらいは、商品やパッケージ、あるいは売り方に関するテコ入れを行なう必要がある。マイナーチェンジを実施するときは、お客に刺激を与えないように、水面下で行なうのが理想的。

- ✓ 値引きする場合、販売数量が増えないと売上が下がるが、おまけを付与する場合、利益率が下がるものの売上は下がらない。また、「社会貢献をしたい」というお客に精神的なお得感を与えるおまけも、今後有効な手段になる可能性がある。

- ✓ 消費者は損する場合のほうが金額の重みを感じる。お客が得する情報はより目立つように強調して表示し、損する情報は小さく表示するほうがいい（プロスペクト理論）。

- ✓ 値下げや値上げが少額の場合は、お客は価格の変化に鈍感だが、ある水準を超えると、急に金額の違いに敏感になる（閾値理論）。

あとがき

本書は、「価格」をテーマにした拙著の続編になります。『誰にも聞けなかった値段のひみつ』（日本経済新聞社、２００２年）、『お客に言えない！「利益」の法則』（青春出版社、２０１１年）の2冊です。

後者の本の出版とほぼ並行する形で、月刊誌『BIG Tomorrow』（青春出版社）で「気になる値段のカラクリ」を連載していました。第1回が２００８年9月号で、月1回のシリーズは第70回（２０１４年4月号）まで続きました。その後、同連載は「小川先生のマーケティング講座」という名称に変わって、『PRESIDENT NEXT』（プレジデント社）に引き継がれました（２０１５年4月15日発売号まで）。

本書は、この2つの連載記事を再編集し、かつ大幅に加筆して1冊の本にまとめたものです。日本実業出版社の編集部から出版のお声がけをいただいたのが3年前のことです。同編集部の担当の方とすり合わせを重ねて、収録すべきコンテンツを厳選し、全体を5章で構成するという枠組みができ上がりました。なお、オリジナルの原稿は会話調になっていたので、フリーランスの編集者の小林さちさんに依頼して記述のスタイルを説明調に直していただきました。

ところが、その後、大学院の学科長に再登板することになったり、都内へ引っ越すといったプライベートの事情が重なったりして、執筆作業は停滞してしまいました。それでも、2019年の春休みには、追加で書き下ろした事例を加えて、どうにか最終原稿が完成し、こうして刊行を迎えることができました。

思いの外、難産の作品となった生涯46冊目の本書『「値づけ」の思考法』は、ユニークな本に仕上がったと思っています。編集作業を手伝っていただいた小林さん、企画・編集から事実確認までお世話になった日本実業出版社の方々、ありがとうございました。皆さんには本当に感謝しています。

2019年6月

小川　孔輔

〈参考図書一覧〉

・浅羽茂・新田都志子『ビジネスシステムレボリューション』（NTT出版、2004年）
・井出留美『賞味期限のウソ：食品ロスはなぜ生まれるのか』（幻冬舎、2016年）
・上田隆穂『マーケティング価格戦略：価格決定と消費者心理』（有斐閣、1999年）
・氏家健治『1つ3000円のガトーショコラが飛ぶように売れるワケ』（SBクリエイティブ、2014年）
・エリザベス・L・クライン著、鈴木素子訳『ファストファッション：クローゼットの中の憂鬱』（春秋社、2014年）
・小川孔輔『当世ブランド物語』（誠文堂新光社、1999年）
・小川孔輔『よくわかるブランド戦略』（日本実業出版社、2001年）
・小川孔輔『誰にも聞けなかった値段のひみつ』（日本経済新聞社、2002年）
・小川孔輔『マネジメントテキスト　マーケティング入門』（日本経済新聞出版社、2009年）
・小川孔輔『お客に言えない！「利益」の法則』（青春出版社、2011年）
・小川孔輔『しまむらとヤオコー』（小学館、2011年）
・小川孔輔『ブランド戦略の実際（第2版）』（日本経済新聞出版社、2011年）
・小川孔輔『フラワーマーケティング入門』（誠文堂新光社、2013年）
・小川孔輔『CSは女子力で決まる！』（生産性出版、2014年）

・小川孔輔『マクドナルド 失敗の本質』（東洋経済新報社、2015年）
・神田正『熱烈 中華食堂日高屋：ラーメンが教えてくれた人生』（開発社、2009年）
・シーナ・アイエンガー著、櫻井祐子訳『選択の科学』（文藝春秋、2010年）
・坂本孝（語り手）・福井康夫（聞き手）『俺のフィロソフィ』（商業界、2014年）
・正垣泰彦『おいしいから売れるのではない　売れているのがおいしい料理だ』（日経BP社、2011年）
・辻中俊樹・櫻井光行『マーケティングの嘘』（新潮社、2015年）
・バーバラ・E・カーンほか著、小川孔輔・中村博監訳『グローサリー・レボリューション』（同文舘出版、2000年）
・ハーマン・サイモン著、上田隆穂監訳、渡部典子訳『価格の掟』（中央経済社、2016年）
・三谷宏治『ビジネスモデル全史』（ディスカヴァー・トゥエンティワン、2014年）
・森岡毅『USJを劇的に変えた、たった1つの考え方』（角川書店、2016年）
・柳井正『成功は一日で捨て去れ』（新潮社、2009年）
・ヤンミ・ムン著、北川知子訳『ビジネスで一番、大切なこと：消費者のこころを学ぶ授業』（ダイヤモンド社、2010年）

小川孔輔（おがわ こうすけ）
法政大学経営大学院イノベーション・マネジメント研究科教授。マーケティング学界の大家。特にブランド戦略の分野では知名度抜群の学者。1951年秋田県生まれ。東京大学経済学部卒業。同大学院中退後、法政大学経営学部研究助手、同経営学部教授などを経て、現職。日本フローラルマーケティング協会会長（創設者）、オーガニック・エコ農と食のネットワーク（NOAF）代表幹事、株式会社アールビーズ社外取締役。
著書に『よくわかるブランド戦略』（日本実業出版社）、『マーケティング入門』『ブランド戦略の実際』（以上、日本経済新聞出版社）、『誰にも聞けなかった 値段のひみつ』（日本経済新聞社）、『マクドナルド 失敗の本質』（東洋経済新報社）、『しまむらとヤオコー』（小学館）などがある。

買《か》いたくなる価格《かかく》には必《かなら》ず理由《りゆう》がある
「値《ね》づけ」の思考法《しこうほう》

2019年7月20日 初版発行
2021年6月20日 第2刷発行

著　者　小川孔輔
発行者　杉本淳一

発行所　株式会社日本実業出版社　東京都新宿区市谷本村町3－29 〒162-0845
大阪市北区西天満6－8－1 〒530-0047
編集部 ☎03-3268-5651
営業部 ☎03-3268-5161　振替 00170－1－25349
https://www.njg.co.jp/

印刷／厚徳社　製本／共栄社

この本の内容についてのお問合せは、書面かFAX（03－3268－0832）にてお願い致します。
落丁・乱丁本は、送料小社負担にて、お取り替え致します。

ISBN 978-4-534-05708-2 Printed in JAPAN

日本実業出版社の本

なぜ、カフェのコーヒーは「高い」と思わないのか?

価格の心理学

リー・コールドウェル 著
武田玲子 訳
定価 本体 1600円(税別)

「価格」をテーマに、ポジショニングやPRなど多様な商品戦略を解説。期待の新ドリンク「チョコレートポット」は絶妙な価格戦略で、ロイヤルカスタマーを獲得できるのか!?

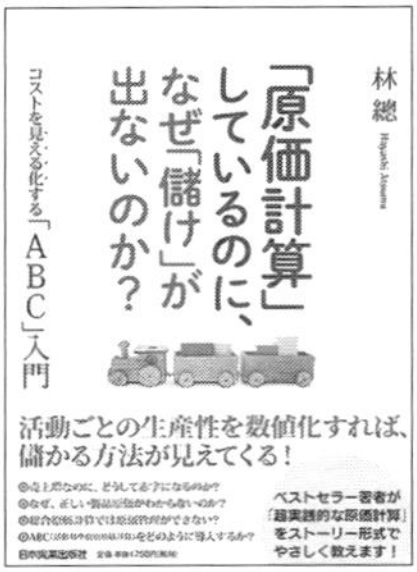

コストを見える化する「ABC」入門

「原価計算」しているのに、なぜ「儲け」が出ないのか?

林 總
定価 本体 1750円(税別)

会計を知り尽くした著者が、「原価計算」の超実践的ノウハウをストーリー形式で解説。伝統的原価計算の理論と欠陥、ABC(活動基準個別原価計算)の考え方と導入法が理解できる。

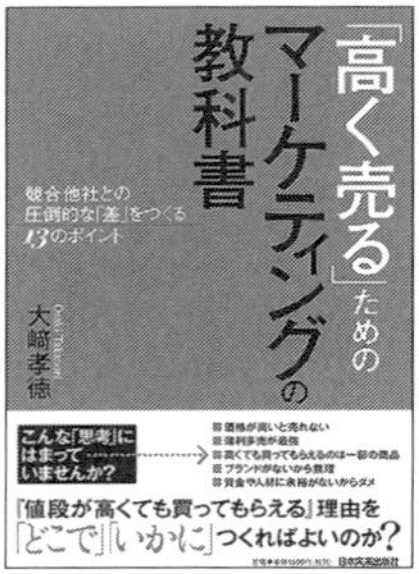

競合他社との圧倒的な「差」をつくる13のポイント

「高く売る」ためのマーケティングの教科書

大﨑孝徳
定価 本体 1500円(税別)

高く売るために必要な基礎教養から、他社に「差」をつける思考法までを解説。「高級万年筆と3本100円のペン」などの仮説例や、ジャパネットたかた、アパホテルなどの実例も満載。

定価変更の場合はご了承ください。